QuickHot & Spicy

Quick
Hot & Spicy

Rezepte: Sunil Vijayakar

Jedes Gericht in drei Varianten
30 Minuten | 20 Minuten | 10 Minuten

First published in Great Britain in 2012 by Hamlyn, an imprint of Octopus Publishing Group Ltd, Endeaver House, 189 Shaftesbury Avenue, London WC2H 8JY. Titel der englischen Originalausgabe: Hamlyn QuickCook: Chicken. All rights reserved. © 2012 Octopus Publishing Group Ltd, London, GB

Für die deutsche Ausgabe: © 2013 Neuer Umschau Buchverlag GmbH, Neustadt an der Weinstraße

Rezepte: Sunil Vijayakar
Übersetzung: Annerose Sieck, Neumünster
Lektorat: Brigitte Lotz, Bochum
Herstellung: Ortrud Müller – Die Buchmacher, Köln

Printed and bound in China

ISBN: 978-3-86528-768-7

Besuchen Sie uns im Internet: www.umschau-buchverlag.de

Alle Rezepte gehen von den folgenden Mengenumrechnungen für Löffel-Maßangaben aus:
1 Esslöffel (Flüssigkeit oder gestrichen) = 15 ml
1 Teelöffel (Flüssigkeit oder gestrichen) = 5 ml

Bitte heizen Sie Ihren Ofen auf die angegebene Temperatur vor. Bei Heißluft- oder Umluftöfen folgen Sie bitte den Angaben des Herstellers zu Backtemperaturen und -zeiten.

Bitte verwenden Sie für die Rezepte mittelgroße Eier, sofern nicht anders angegeben. Dieses Buch enthält einige Rezepte mit rohen oder nur kurz gekochten Eiern. Gesundheitlich anfällige Personen (Schwangere, stillende Mütter, ältere Menschen, Kranke, Babys und Kleinkinder) sollten Gerichte mit ungekochten oder nur kurz gekochten Eiern meiden.

Dieses Buch enthält Rezepte, in denen Nüsse und Nussprodukte verwendet werden. Allergiker und Menschen, die anfällig für allergische Reaktionen gegen Nüsse sind (Schwangere, stillende Mütter, ältere Menschen, Kranke, Babys und Kleinkinder), sollten Rezepte mit Nüssen und Nussöl meiden. Wir empfehlen außerdem, die Etiketten der verwendeten Produkte auf Angaben zu enthaltenen Nüssen und/oder Nussprodukten zu prüfen.

Inhalt

Geflügel 20

Fleisch 72

Fisch & Meeresfrüchte 124

Vegetarisch 176

Hülsenfrüchte, Saaten & Getreide 228

Einleitung

30, 20, 10 – schnell, schneller, am schnellsten

Mit diesem Kochbuch lässt sich auch mit wenig Zeit lecker kochen: Wählen Sie einfach das Rezept, das am besten in Ihren Zeitplan passt. Anregungen und Motivation für jeden Tag des Jahres finden Sie auf den folgenden Seiten.

So funktioniert's

Jedes der Rezepte kann auf dreierlei Art zubereitet werden: als 30-Minuten-Version, 20-Minuten-Version oder als super-schnelle 10-Minuten-Version. Am Anfang eines Kapitels sind alle Rezepte nach Zubereitungszeit aufgeführt. Wählen Sie aus, wofür Sie gerade Zeit haben und schlagen Sie die entsprechende Seite auf.

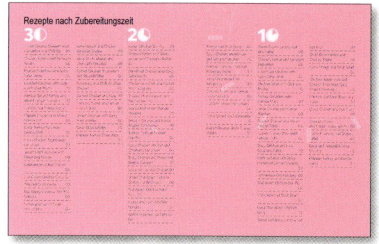

Auf jeder Doppelseite finden Sie ein Hauptrezept mit Foto und darunter zwei Varianten mit jeweils unterschiedlicher Zubereitungszeit.

Hat es Ihnen geschmeckt? Dann probieren Sie doch auch die anderen Versionen. Wenn Sie die Garnelenspieße mit Minz-Joghurt-Dip (20 Minuten) mögen, Sie aber nur 10 Minuten Zeit für die Zubereitung haben, können Sie das Rezept in der kürzeren Variante ausprobieren.

Sie mochten die Zutaten und den Geschmack des Kohl-Paprika-Salats (10 Minuten)? Dann probieren Sie doch auch den etwas aufwendigeren Malaysischen Wok-Kohl mit Paprika (20 Minuten). Oder wählen Sie einfach ganz nach Geschmack eines der 360 köstlichen Rezepte und kochen dann die Version, die zu Ihrem Zeitbudget passt.

Noch mehr Anregungen finden Sie auf den Rezeptideen-Seiten 12 bis 19, dort sind die Rezepte nach Themen geordnet, zum Beispiel *Chili über alles* oder *Für liebe Gäste*.

Scharf & würzig

Gewürze sind in allen Küchen der Welt zu finden, wo sie als wichtige kulinarische Zutat den Appetit anregen und dem Gaumen schmeicheln. Einst wurde dieses kostbare Gut auf Handelsrouten quer über den gesamten Globus transportiert. Mittlerweile ist vieles leichter geworden und so stehen uns heute die exotischsten Gewürze aus aller Welt zur Verfügung. Ob Gerichte aus der Karibik, aus Südostasien, China, Indien, Mexiko, Südamerika oder Afrika – mit den passenden Gewürzen kommt stets etwas Außergewöhnliches auf den Tisch.

In diesem Buch finden Sie Rezepte aus aller Welt, die durch ihre jeweiligen Gewürze erst unwiderstehlich werden. Mithilfe der Anleitungen und einigen wenigen Grundzutaten können Sie bei Ihrer Familie und Ihren Freunden ohne große Mühe einen wahren Begeisterungssturm über die Aromenvielfalt Ihrer Küche entfachen.

Frische Aromen & Gewürze

Chilis: Im Allgemeinen sind grüne Chilis erdiger und weniger scharf als rote. Wer ein Chili-Aroma bevorzugt, das nicht übermäßig auf der Zunge brennt, sollte vor dem Hacken die Kerne entfernen.

Curryblätter: Diese geschmacksintensiven Blätter werden in der indischen und südostasiatischen Küche in frischem Zustand verwendet. Sie können aber auch direkt aus dem Tiefkühlfach zum Würzen eingesetzt werden.

Ingwer: Frische Ingwerwurzel wird vor dem Reiben geschält. Ingwer hat ein frisches Pfefferaroma und findet sowohl in pikanten als auch in süßen Gerichten Verwendung.

Kaffirlimettenblätter: Meist werden diese hoch aromatischen Blätter vor der Verwendung fein gehackt. Sie lassen sich sehr gut einfrieren und können im noch gefrorenen Zustand zum Würzen eingesetzt werden.

Koriander: Die zarten Blätter geben vielen Gerichten eine individuelle Note. Verwendet werden auch die Stängel, die vor allem in Thai-Curry-Pasten zum Einsatz kommen.

Schalotten: Die kleinen süßen und gleichzeitig scharfen Zwiebeln sind vor allem in der südostasiatischen Küche gern gesehen. Sie lassen sich am besten schälen, wenn sie vorher halbiert werden.

Thai-Basilikum: Das zarte, aromatische Kraut wird meist für die Garnitur verwendet. Ist keines zur Hand, kann auch gewöhnliches Basilikum benutzt werden.

Zitronengras: Das grüne Gras verleiht Speisen ein angenehmes Zitrusaroma. Der untere Teil des Stängels wird zerdrückt oder gehackt.

Trockenzutaten & Gewürze aus dem Vorratsschrank

Bockshornkleesamen: Die viereckigen, glänzend gelben Samen sind meist Bestandteil von Gewürzmischungen für Currys.

Chili: Getrocknete Chiliflocken haben ein milderes Aroma als die ganzen getrockneten roten Chilis mit ihrer feurigen Schärfe. Chilipulver aus getrockneten Chilis sind je nach Geschmack in unterschiedlichen Schärfegraden erhältlich.

Kreuzkümmel: Dieses Gewürz ist fester Bestandteil der asiatischen, mexikanischen und orientalischen Küche. Die kleinen braunen, länglichen Samen des Kreuzkümmels (auch Cumin) werden ganz oder gemahlen verwendet. Sie haben ein warmes, kräftiges Aroma.

Fenchelsamen: Die kleinen blassgrünen Samen haben ein feines Anisaroma und sind in verschiedenen Gewürzmischungen enthalten.

Fischsauce: Die Sauce ist auch unter dem Namen „Nam Pla" bekannt. Sie zählt zu den wichtigsten Zutaten der Thai-Küche und besteht vorwiegend aus der Flüssigkeit, die aus gesalzenen, fermentierten Fischen gewonnen wird.

Garam Masala: Die klassische Gewürzmischung enthält gemahlenen Kardamom, Nelken, Kreuzkümmel, Pfefferkörner, Zimt und Muskat. Sie wird meist erst am Ende der Kochzeit zum Essen gegeben.

Garnelenpaste: In der thailändischen Küche „Kapi" genannt, spielt die Garnelenpaste in der Asia-Küche eine wichtige Rolle. Sie wird aus gesalzenen und getrockneten Garnelen hergestellt. Die Paste ist in kleinen Gläsern erhältlich und beeindruckt durch ein kräftiges Aroma, das sich während des Kochens jedoch etwas abschwächt.

Kardamom: Die Kapselfrüchte sind häufig Bestandteil von Gewürzmischungen. Meist findet die komplette Kardamomkapsel Verwendung. Oft wird aber auch mit den kleinen schwarzen Samen im Inneren der Kapsel gewürzt, die zerdrückt werden müssen.

Kichererbsenmehl: Das blassgelbe Mehl, auch Besan genannt, wird aus getrockneten Kichererbsen gewonnen. Es eignet sich gut als Bindungs- und Dickungsmittel, aber auch als Mehl für herzhafte Teige.

Kokosmilch und Kokoscreme: Diese vor allem in der asiatischen Küche vielfach verwendeten Zutaten geben Currys eine angenehm cremige Konsistenz.

Koriander: Die kleinen blassbraunen Samen sind im Ganzen oder gemahlen erhältlich. Sie bilden die Basis vieler Currypasten und Gewürzmischungen.

Echte Schwarzkümmelsamen: Die feinen schwarzen, oval geformten Samen, auch „Zwiebelsame" oder „Kalonji" genannt, werden gern zum Brotbacken und zum Einlegen verwendet.

Kurkuma: Die leuchtend orangegelbe Wurzel besitzt ein warmes, moschusartiges Aroma. Das meist als Pulver erhältliche Gewürz kommt in geringen Mengen bei Linsen- und Reisgerichten zum Einsatz.

Nelken: Die aromatischen getrockneten Knospen können im Ganzen oder gemahlen verwendet werden.

Palmzucker: Der Zucker wird aus dem Saft verschiedener Palmenarten gewonnen. Er hat ein karamellartiges Aroma und eine hellbraune Färbung. Als Zutat von Currys sorgt er für das richtige Gleichgewicht.

Röstzwiebeln: Getrocknete Röstzwiebeln sind in jedem Supermarkt erhältlich. Wer sie selbst zubereiten will, brät dünn geschnittene Zwiebelscheiben bei schwacher Hitze in etwas Sonnenblumenöl 15–20 Minuten goldgelb an. Danach sollten die Scheiben auf Küchenpapier abtropfen, bis sie knusprig und trocken sind.

Safran: Die orangeroten Fäden sind die getrockneten Staubgefäße einer speziellen Krokusart. Sie verleihen Gerichten einen leicht moschusartigen Geschmack und eine gelbe Farbe. Das Gewürz eignet sich vor allem für Reisgerichte und Desserts.

Senfsamen: Schwarz, braun oder gelb sind die winzigen, runden Samen, die weltweit zum Würzen benutzt werden. Sie werden meist in Öl gebraten, bis sie platzen und ein mildnussiges Aroma freisetzen.

Sternanis: Die dunkelbraune blumenartig geformte Kapselsammlung hat einen intensiven Anisgeschmack.

Tamarindenpaste: Die überall erhältliche Paste aus Kapseln ist auch halb getrocknet im Handel. So angeboten, muss sie zunächst in warmem Wasser eingeweicht werden. Die Paste wird gern zum Säuern von Currys verwendet.

Weiße Mohnsamen: Die winzigen weißen Samen, die in indischen Spezialitätengeschäften erhältlich sind, werden vorwiegend in der indischen Küche eingesetzt. Sie dienen vor allem dazu, Saucen und Currys anzudicken.

Zimt: Das süßlich-aromatische Gewürz ist als Stange, Rinde oder gemahlenes Pulver erhältlich.

Grundausstattung

Zum Kochen der scharf-würzigen Gerichte ist kein besonderes Equipment erforderlich. Die nötigen Utensilien wie Schöpfkelle, Löffel, Siebe, Schneid- und Hackbretter sowie Messer gehören zur Grundausstattung jeder Küche. Mit den folgenden Geräten gelingen die Rezepte jedoch sehr viel leichter.

Mixer oder kleine Küchenmaschine: Diese Geräte sind für die Zubereitung von glatten, gut verrührten Mischungen unerlässlich. Sie eignen sich auch zum Mahlen von Gewürzen und zum Vermischen feuchter Zutaten.

Elektrische Kaffeemühle: Die kostengünstige Mühle ist ideal, um trockene Gewürze zu mahlen.

Bratpfannen: Eine Auswahl unterschiedlich großer Pfannen, vor allem beschichteter, erleichtert die Arbeit.

Mörser und Stößel: Beides gehört zum klassischen Zubehör, um Gewürze zu zerkleinern oder Pasten zu mischen. Allerdings ist dafür schon etwas Muskelkraft erforderlich.

Wok: Die asiatische Metallpfanne mit rundem Boden und hochgezogenem Rand ist unerlässlich für Pfannengerührtes und andere Gerichte.

Tafeln mit viel Genuss

Kulinarische Leckerbissen, die sich gut vorbereiten lassen

Couscous mit Hähnchen, Aprikosen und Cranberrys 40

Tajine mit Harissa und Geflügelbällchen 54

Mango-Entenbrust-Salat 56

Afrikanischer Hackauflauf mit Mangochutney 76

Lammkoteletts mit pikanten Kichererbsen und Spinat 88

Bœuf Stroganoff mit Pfefferkörnern 94

Lamm-Gemüse-Eintopf 112

Piri-Piri-Tintenfisch mit Minze und Koriander 140

Venusmuscheln in Kokosmilch 154

Hummerschwanz in Currysahne 156

Senf-Curry-Heilbutt 162

Jakobsmuschelcurry 166

Einfach köstlich

Leichtes und Leckeres für die kleine Zwischenmahlzeit

Hähnchenspieße mit Gurken-
Chili-Dip 24

Hähnchen-Paprika-Brochettes 36

Geflügelfrikadellen mit Garnelen und
Zitronengras 64

Scharfe Koftas mit Minzrelish 96

Roastbeef-Enchilada-Wraps 104

Spinat-Eier-Salat mit Chorizo und
Croûtons 106

Hackfleischsalat auf Thai-Art 118

Lachspäckchen mit Kräutern und
Kokos 128

Garnelenspieße mit Minz-
Joghurt-Dip 148

Flusskrebs
auf Rucolasandwich 152

Scharfer Avocado-Tomaten-Mais-
Salat 188

Kreuzkümmel-Kartoffeln mit Granat-
apfelkernen 194

Aus der mediterranen Küche

Aromatisches aus dem Süden

Risotto mit Hähnchen, Zitrone und Estragon 26

Spanischer Puteneintopf mit Chili und Zitrone 38

Schinken-Erbsen-Risotto 108

Tomatenpenne mit Wurst 110

Spaghetti vongole mit Chili 130

Rotzunge mit scharfer Salsa 138

Spanisches Kartoffel-Tomaten-Gemüse 224

Linguine mit grünen Bohnen und Kartoffeln 238

Nudeln mit Räucherlachs, Erbsen und Spargel 244

Paprika-Bohnen-Salat 252

Penne mit Thunfisch, Tomaten und Oliven 262

Butternusskürbisrisotto mit Chili 272

Kulinarische Reise in den Orient

Exotische Gerichte mit Fernwehgarantie

Vietnamesisches Hähnchenfilet 44

Gefülltes Thai-Kokos-Hähnchen 50

Fischbällchen auf Thai-Art 150

Stangenbohnen auf chinesische Art 206

Tofu mit Pak Choi und Frühlingszwiebeln 220

Malaysischer Wok-Kohl mit Paprika 222

Warmer Nudelsalat mit Sojabohnen 232

Vietnamesischer Reis mit Hähnchen und Nuoc-Cham-Sauce 234

Nudeln mit Garnelen und Gemüse 236

Reisnudeln Singapur 256

Banh-Pho-Reisnudeln mit Garnelen und Kokosmilch 260

Hähnchencurry mit Kokos 276

Chili über alles

Hocharomatische Gerichte, die einfach glücklich machen

Pikantes Hähnchen mit Mango-
nudeln 34

Chili-Schweinefilet mit Zitronengras
aus dem Wok 80

Würzige Chili-Hotdogs 98

Kalbsspieße mit süßem
Chili-Dip 116

Krebsküchlein mit Chili 134

Knoblauch-Chili-Garnelen mit
Tomaten 168

Würzige Seeteufel-Zitronen-
Spieße 170

Makrelenspieße mit Chili-
Nudeln 174

Curry mit Auberginen, Tomaten und
Chili 180

Tomatentarte mit Ziegenkäse 182

Reis mit Dicken Bohnen
und Dill 268

Chili-Zucchini-Penne 270

Scharf, schärfer, am schärfsten …

Feurige Mahlzeiten für jeden Geschmack

Curryente auf Thai-Art 48

Schellfisch mit Tomaten und Tamarinde 136

Seeteufel mit Paprikaeintopf 144

Garnelen-Tomaten-Curry 146

Pikanter Lachs in süß-saurer Sauce 160

Tomatencurry mit Roter Bete und grünen Bohnen 184

Mango-Kokos-Curry 186

Süßkartoffelcurry mit Litschis 190

Kartoffelcurry mit Karotten und Erbsen 204

Curry mit Kürbis und Paprika 212

Okraschoten-Kokos-Gemüse 218

Scharfes Kichererbsencurry 274

Milde bis leicht pikante Gaumenkitzler

Vollmundige Gerichte mit einem Hauch von Schärfe

Hähnchencurry auf Thai-Art 46

Erbsen-Hähnchen-Curry 62

Erbsen-Paprika-Curry mit Schweinemett 90

Indisches Rinderhackcurry mit schwarzen Bohnen 120

Curry-Muschelcremesuppe 132

Garnelen-Mango-Curry 164

Gelbes Fischcurry mit Kartoffeln und Tomaten 172

Frischkäsecurry mit Spinat und Tomaten 202

Pilz-Tomaten-Curry 208

Orientalisches Zucchini-Tomaten-Curry 214

Kürbiscurry Massaman 226

Karottencurry mit schwarzen Bohnen 242

Für liebe Gäste

Herzhafte Mahlzeiten für ein geselliges Miteinander

Kaltes Brathähnchen mit scharfer Salsa verde 28

Süß-scharfe Hähnchennudeln 52

Pilz-Spinat-Pfannkuchen mit Hähnchen 58

Champignoncremesuppe mit Hähnchenbruststreifen 60

Curryhähnchen mit Traubensalat 66

Chinesische Nudelpfanne mit Pute 70

Chinesisches Rindfleisch mit Tofu und Gemüse 78

Marinierte Tandoori-Lammkoteletts 84

Scharfe Ciabattas mit Steakfleisch und Rucola 86

Lamm-Kräuter-Kebabs 100

Eierpfanne mit Merguez 102

Schweinekoteletts mit grünen Bohnen 122

QuickHot & Spicy
Geflügel

Rezepte nach Zubereitungszeit

3⦶

2⦶

30 Hähnchenspieße mit Gurken-Chili-Dip

Für 4 Personen

800 g Hähnchenbrustfilet, in mundgerechte Stücke geschnitten

30 g Korianderblätter, gehackt

30 g Minzeblätter, gehackt

Saft von 2 Zitronen

1 TL heller Muscovadozucker

2 TL fein geriebene frische Ingwerwurzel

2 Knoblauchzehen, zerdrückt

200 g Naturjoghurt

1 TL grob gemahlener schwarzer
Pfeffer

Für den Dip

125 ml Reis- oder Weinessig

2 EL feiner Zucker

1 rote Chili, fein gewürfelt

½ rote Zwiebel, fein gewürfelt

6 EL fein gewürfelte Salatgurke

- Das Hähnchenfleisch in eine Auflaufform legen. Kräuter, Pfeffer, Zitronensaft, Zucker, Ingwer, Knoblauch und Joghurt zu einer glatten Paste verrühren, über das Hähnchen geben und das Fleisch gleichmäßig damit bedecken. Zugedeckt 10–15 Minuten marinieren lassen.

- In der Zwischenzeit den Backofengrill auf mittlerer Stufe vorheizen und den Dip zubereiten. Dafür Essig und Zucker in einem kleinen Topf erhitzen und so lange rühren, bis sich der Zucker aufgelöst hat. In 3 Minuten zu einem Sirup einkochen. Den Topf vom Herd nehmen und Chili und Zwiebeln einrühren. Abkühlen lassen. Die Gurkenwürfel mit dem abgekühlten Dip vermischen.

- Die Hähnchenstücke auf 12 Metallspieße ziehen und unter dem Grill von jeder Seite 4–5 Minuten backen.

- Die Spieße auf vier Tellern anrichten und mit etwas Dip beträufeln. Mit dem restlichen Dip und Zitronenspalten servieren. Dazu frisches Brot reichen.

 Warmer Reis-Hähn-chen-Salat Im Wok

2 EL Sonnenblumenöl erhitzen und 600 g vorgegarten Pilawreis bei großer Hitze 3–4 Minuten unter Rühren darin anbraten. 400 g gegartes, gewürfeltes Hähnchenfleisch und 1 fein gehackte rote Chili sowie je 1 Handvoll gehackte Minzeblätter und gehackte Korianderblätter dazugeben. Die Zutaten erhitzen, in eine große Schüssel füllen, mit dem Saft von 1 Limette beträufeln, würzen und gut mischen.

 **Pfannengerührtes Hähnchen** Im Wok

oder in der Pfanne 2 EL Sonnenblumenöl erhitzen, 8 in Scheiben geschnittene Frühlingszwiebeln, 2 gehackte Knoblauchzehen und 2 TL fein geriebene frische Ingwerwurzel bei mittlerer Hitze 2–3 Minuten unter Rühren darin braten. 600 g dünn geschnittenes Hähnchenbrustfilet 6 Minuten unter Rühren mitbraten bzw. so lange, bis das Fleisch gar ist. 300 g vorgegarte Reisnudeln für 2–3 Minuten dazugeben. Den Wok

oder die Pfanne vom Herd ziehen und je 1 Handvoll gehackte Minzeblätter und Korianderblätter untermischen. Sofort servieren.

Risotto mit Hähnchen, Zitrone und Estragon

Für 4 Personen

50 g Butter

1 EL Olivenöl

1 Zwiebel, fein gehackt

1 rote Chili, entkernt und fein gehackt

2 Knoblauchzehen, fein gehackt

1 Selleriestange, fein gehackt

1 Karotte, geputzt und fein gehackt

300 g Risottoreis

100 ml trockener Weißwein

3 vorgegarte Hähnchenbrustfilets ohne Haut, fein gewürfelt

900 ml heiße Gemüsebrühe

100 g geriebener Parmesan

fein abgeriebene Schale von 1 unbehandelten Zitrone

6 EL fein gehackte Estragonblätter

Salz und frisch gemahlener Pfeffer

- In einer großen Pfanne die Butter und das Olivenöl erhitzen und die Zwiebeln sowie Chili, Knoblauch, Sellerie und die Karotte in 3–4 Minuten darin weich dünsten. Den Reis einstreuen und so lange rühren, bis alle Körner mit Fett überzogen sind. Den Wein zugießen und rühren, bis dieser vollständig aufgenommen ist, dann das Hähnchenfleisch untermischen.

- Eine Schöpfkelle Brühe zugeben und köcheln lassen, rühren, bis die Brühe vollständig aufgenommen ist. Eine zweite Kelle Brühe zugeben und weiterrühren. So fortfahren, bis die Brühe (bis auf eine Kelle) vollständig verkocht und der Reis gar ist. Dieser Vorgang dauert etwa 18–20 Minuten.

- Die restliche Brühe sowie den Parmesan, die Zitronenschale und die Estragonblätter unterrühren und würzen. Den Topf vom Herd ziehen und zugedeckt 2 Minuten ruhen lassen.

- In vorgewärmten Schalen anrichten und sofort servieren.

 Baguettes mit Hähnchen, Zitrone und Estragon 2 warme mittelgroße Baguettes längs durchschneiden und jedes Baguette mit je 1 EL Estragonmayonnaise bestreichen. 2 vorgegarte Hähnchenbrüste ohne Haut in Scheiben schneiden und die unteren Hälften der Brote damit belegen. Mit der abgeriebenen Schale von 1 unbehandelten Zitrone bestreuen und würzen. Die oberen Baguettehälften auflegen und die Baguettes in der Mitte durchschneiden.

 Grillhähnchen mit Chili-Zitronen-Estragon-Butter Den Backofengrill auf mittlerer Stufe vorheizen. In einer Schüssel 150 g weiche Butter, 1 entkernte und fein gewürfelte rote Chili, die abgeriebene Schale und den Saft von 1 unbehandelten Zitrone, 1 zerdrückte Knoblauchzehe und 4 EL fein gehackte Estragonblätter verrühren. 4 große Hähnchenbrustfilets mit Haut unter dem Grill von jeder Seite 6–8 Minuten garen. Mit der Butter und knusprigem Brot servieren.

Kaltes Brathähnchen mit scharfer Salsa verde

Für 4 Personen

1,5 kg gegrilltes Hähnchen

Für die Salsa verde

2 EL Rotweinessig

40 g glatte Petersilienblätter, gehackt

20 g Basilikumblätter, gehackt

2 Knoblauchzehen, zerdrückt

2 rote Chilis, entkernt und fein gehackt

4 Anchovisfilets in Öl, abgetropft und klein geschnitten

2 EL Kapern in Salzlake, abgetropft

125 ml extra natives Olivenöl

frisch gemahlener Pfeffer

- Für die Salsa den Essig und die Kräuter in die Schüssel einer kleinen Küchenmaschine geben und zu einer groben Paste verarbeiten. Knoblauch, Chilis, Anchovis und Kapern zugeben und untermischen. Die Salsa sollte etwas stückig bleiben. Nach und nach das Öl unterrühren. Zum Schluss mit Pfeffer würzen.

- Das Hähnchen tranchieren und auf vier Tellern anrichten. Mit Salsa beträufeln und sofort servieren.

 Gebratenes Hähnchen mit scharfer Salsa verde In der Küchenmaschine aus 2 EL Rotweinessig, 40 g gehackten glatten Petersilienblättern, 20 g gehackten Basilikumblättern, 2 zerdrückten Knoblauchzehen, 2 entkernten und fein gehackten Chilis, 4 klein geschnittenen Anchovisfilets, 2 EL Kapern, 125 ml extra nativem Olivenöl und frisch gemahlenem Pfeffer eine stückige Salsa zubereiten. 4 große Hähnchenbrustfilets mit Haut zwischen 2 Stücke Klarsichtfolie legen und mit einem Teigroller bearbeiten, bis das Fleisch etwa 1 cm dick ist. Würzen und mit 2 EL Olivenöl beträufeln. In eine heiße Pfanne legen und von jeder Seite 4–5 Minuten braten. Mit der Salsa servieren.

 Pochiertes Hähnchen mit scharfer Salsa verde 4 große Hähnchenbrustfilets (ohne Haut) in einen großen Topf legen und 800 ml heiße Hühnerbrühe zugießen. 1 Lorbeerblatt, 1 gehackte Karotte, 2 gehackte Selleriestangen und 1 geviertelte Zwiebel hinzufügen. Aufkochen und bei mittlerer Hitze offen 20 Minuten sanft köcheln lassen. In der Zwischenzeit in der Küchenmaschine aus 2 EL Rotweinessig, 40 g gehackten glatten Petersilienblättern, 20 g gehackten Basilikumblättern, 2 zerdrückten Knoblauchzehen, 2 entkernten und fein gehackten Chilis, 4 klein geschnittenen Anchovisfilets, 2 EL Kapern, 125 ml extra nativem Olivenöl und frisch gemahlenem Pfeffer eine stückige Salsa zubereiten. Das Hähnchenfleisch aus dem Topf nehmen und trocken tupfen. Mit der Salsa servieren.

 # Grillhähnchen mit Chili-Rucola-Pesto

Für 4 Personen

600 g kleine Strauchtomaten, halbiert

4 große Hähnchenbrustfilets ohne Haut

1 EL Olivenöl zum Bestreichen

Salz und frisch gemahlener Pfeffer

Für das Pesto

100 g Pinienkerne

4 Knoblauchzehen, zerdrückt

2 rote Chilis, entkernt und fein gehackt

30 g Basilikumblätter, gehackt

40 g Rucolablätter, gehackt

50 g geriebener Parmesan

150 ml extra natives Olivenöl

- Den Backofen auf 220 °C vorheizen. Die Tomaten mit Olivenöl bestreichen und gut würzen. Auf ein beschichtetes Backblech legen und im Backofen 10–12 Minuten backen.

- In der Zwischenzeit die Hähnchenbrüste zwischen 2 Stücke Klarsichtfolie legen und mit einem Teigroller bearbeiten, damit das Fleisch flacher wird. Mit etwas Öl bestreichen und würzen. Eine Grillpfanne auf höchster Stufe erhitzen und das Fleisch darin von jeder Seite 5–6 Minuten braten. Herausnehmen und 2–3 Minuten ruhen lassen.

- Für das Pesto in einer Pfanne ohne Öl die Pinienkerne kurz trocken anrösten. Alle Zutaten im Mixer zu einer Paste verarbeiten, ggf. etwas mehr Öl unterrühren, wenn das Pesto dünner werden soll.

- Das Hähnchenfleisch auf vorgewärmten flachen Tellern anrichten, Mit Pesto beträufeln und mit den gerösteten Tomaten servieren.

 Hähnchensalat mit Chili-Rucola-Pesto Im Mixer aus 4 zerdrückten Knoblauchzehen, 2 entkernten und fein gehackten roten Chilis, 30 g gehackten Basilikumblättern, 40 g gehackten Rucolablättern, 50 g geriebenem Parmesan, 100 g in einer Pfanne trocken gerösteten Pinienkernen und 150 ml extra nativem Olivenöl ein Pesto zubereiten. 4 vorgegarte Hähnchenbrüste ohne Haut in Scheiben schneiden und mit 400 g halbierten kleinen Strauchtomaten mischen. Das Pesto zugeben, untermischen und servieren.

 Hähnchen mit Linguine und Chili-Rucola-Pesto 400 g Linguine in reichlich Salzwasser nach Packungsanleitung al dente garen. Im Mixer aus 4 zerdrückten Knoblauchzehen, 2 entkernten und fein gehackten roten Chilis, 30 g gehackten Basilikumblättern, 40 g gehackten Rucolablättern, 50 g geriebenem Parmesan, 100 g in einer Pfanne trocken gerösteten Pinienkernen und 150 ml extra nativem Olivenöl ein Pesto zubereiten. 2 große vorgegarte Hähnchenbrüste in 1 cm große Stücke schneiden und mit 200 g geviertelten kleinen Strauchtomaten in eine große Schüssel geben. Die Nudeln abgießen und hinzufügen. Die Zutaten gut mischen und servieren.

3⦶ Puten-Paprika-Spieße mit Harissa

Für 4 Personen

400 g Putenbrustfilet, in mundgerechte Stücke geschnitten

4 EL Harissa (scharfe Gewürzpaste)

1 EL fein geriebener Knoblauch

1 EL fein geriebene frische Ingwerwurzel

Saft von 2 Zitronen

je 1 rote und gelbe Paprikaschote, in
mundgerechte Stücke geschnitten

250 g Couscous

4 EL fein gehackte glatte Petersilienblätter zzgl. Petersilie zum
Garnieren

Salz und frisch gemahlener Pfeffer

• Das Putenfleisch in eine große Porzellanschale legen. Harissa,
Knoblauch, Ingwer und Zitronensaft verrühren und würzen. Das
Fleisch gleichmäßig mit dieser Mischung bedecken und 10 Minuten
darin marinieren lassen. In der Zwischenzeit den Backofengrill auf
mittlerer Stufe vorheizen.

• Die Fleischstücke im Wechsel mit gelber und roter Paprika auf
8 Metallspieße ziehen. Unter dem Grill von jeder Seite 6–8 Minuten
garen, bis die Ränder leicht gebräunt sind.

• In der Zwischenzeit den Couscous in eine große, hitzefeste Schüssel füllen und mit Salz würzen. Kochendes Wasser darübergießen
und abgedeckt 8–10 Minuten bzw. nach Packungsangabe quellen
lassen. Die Körner mit einer Gabel auflockern und den Couscous
warm halten.

• Den Couscous auf vier Tellern anrichten und mit Petersilie bestreu-
en. Je 2 Spieße hinzufügen und mit Petersilie garnieren.

 **Putenciabatta mit Ha-
rissamayonnaise**

4 Ciabattas durchschneiden und
toasten. 1 EL Harissa (scharfe Gewürzpaste), 8 EL Mayonnaise und
den Saft von ½ Zitrone verrühren.
Die unteren Ciabattahälften damit
bestreichen. ¼ in dünne Scheiben
geschnittene Salatgurke, 4 in Scheiben geschnittene Pflaumentomaten
und 400 g vorgegartes Putenfilet darauf verteilen und mit der oberen
Brothälfte belegen.

 **Pute, Paprika und Ha-
rissa aus dem Wok**

Je 1 rote und gelbe Paprika in dünne
Streifen schneiden. Im Wok oder in
der Pfanne 2 EL Sonnenblumenöl erhitzen. Paprika und 400 g klein geschnittenes Putenbrustfilet darin unter Rühren 6–8 Minuten braten. 1 in
dünne Scheiben geschnittene rote
Zwiebel und 8 klein geschnittene
Frühlingszwiebeln zugeben und weitere 3–4 Minuten braten. 2 EL Harissa (scharfe Gewürzpaste) mit 4 EL

Passata (passierten Tomaten) verrühren, in den Wok geben und 2 Minuten erhitzen. Mit Kräutercouscous
oder -reis servieren.

Pikantes Hähnchen mit Mangonudeln

Für 4 Personen

2 EL Sonnenblumenöl

2 EL scharfe Chilisauce

4 EL süße Chilisauce

4 EL dunkle Sojasauce

2 große Hähnchenbrustfilets, in dünne
Streifen geschnitten

200 g frische Mangostücke, in mundgerechte Stücke geschnitten

300 g vorgegartes Mischgemüse
(nach Belieben)

600 g vorgegarte asiatische Eiernudeln

75 g trocken geröstete Erdnüsse,
gehackt

Salz und frisch gemahlener Pfeffer

- In einer großen Schüssel das Sonnenblumenöl, die scharfe und die süße Chilisauce sowie die Sojasauce verrühren. Die Hähnchenstreifen zugeben und gut mit der Marinade mischen. Würzen.

- Die Marinade abgießen und beiseitestellen. Einen Wok oder eine Pfanne erhitzen, das Fleisch zugeben und bei hoher Temperatur unter Rühren in 5 Minuten kräftig anbraten. Mango, Gemüse, Nudeln und Marinade hinzufügen und einige Minuten unter Rühren weiterbraten.

- Die Erdnüsse unterrühren, dann die Mischung in vier Schalen anrichten und heiß servieren.

**Hähnchen-Mango-
Spieße** Den Backofengrill auf mittlerer Stufe vorheizen. 4 große Hähnchenbrustfilets ohne Haut in mundgerechte Stücke schneiden und mit 1 EL scharfer Chilisauce, 2 EL süßer Chilisauce und 2 EL heller Sojasauce in eine Schüssel geben. Gut mischen. Die Hähnchenteile im Wechsel mit 400 g frischen Mangostücken auf 12 Spieße ziehen und 4–5 Minuten von jeder Seite unter dem Grill garen. Mit gemischtem Salat servieren.

**Hähnchen-Mango-
Curry** Im Wok oder in der Pfanne 2 EL Sonnenblumenöl erhitzen. 1 gehackte Zwiebel bei mittlerer Temperatur unter Rühren in 4–5 Minuten weich dünsten. 2 gehackte Knoblauchzehen, 1 TL fein geriebene frische Ingwerwurzel, 1 entkernte und gehackte rote Chili und 1 EL mittelscharfes oder scharfes Currypulver zugeben und unter Rühren 1–2 Minuten weiterbraten. 600 g gewürfeltes Hähnchenbrustfilet hinzufügen und 2 Minuten unter Rühren mitbraten. 400 ml Kokosmilch aus der Dose zugießen und aufkochen lassen. Bei mittlerer Hitze unter gelegentlichem Rühren 10–12 Minuten köcheln lassen, dann 400 g frische Mangostücke untermischen und weitere 3–4 Minuten kochen, bis das Fleisch gar ist. Mit 4 EL gehackten Korianderblättern bestreuen und mit Reis servieren.

Hähnchen-Paprika-Brochettes

Für 4 Personen

800 g Hähnchenbrustfilet, in mundgerechte Stücke geschnitten
abgeriebene Schale und Saft von
  1 unbehandelten Zitrone
1 rote Chili, entkernt und fein gehackt
1 TL scharfes geräuchertes Paprikapulver
100 ml extra natives Olivenöl
1 EL getrockneter Oregano
3 Knoblauchzehen, zerdrückt
1 Zwiebel, in große Stücke geschnitten
je 1 rote und gelbe Paprika, in große
  Stücke geschnitten
Salz und frisch gemahlener Pfeffer

- Den Backofengrill auf mittlerer Stufe vorheizen. Das Hähnchen-fleisch in eine flache Porzellanschüssel legen. Zitronenschale, Saft, Chili, Paprikapulver, Olivenöl, Oregano und Knoblauch verrühren, würzen und mit dem Fleisch mischen.

- Die Hähnchenstücke im Wechsel mit Zwiebeln und roter und gelber Paprika auf 8 Metallspieße ziehen. Unter dem Grill von jeder Seite 5 Minuten garen.

- Die Brochettes auf vier Tellern anrichten und mit Zitronenspalten servieren.

Pikanter Hähnchen-Paprika-Salat 4 vorge-garte Hähnchenbrüste ohne Haut grob zerkleinern. In einer großen Schüssel 400 g in mundgerechte Stücke geschnittene Paprika und 1 Handvoll gehackte Rucolablätter mit dem Hähnchenfleisch mischen. 1 TL Chilipaste, 6 EL extra natives Olivenöl, 1 TL flüssiger Honig und den Saft von 1 großen Zitrone ver-rühren. Würzen. Das Dressing über den Salat geben und gut vermischen.

Hähnchen-Paprika-Topf In einem großen Topf 2 EL Sonnenblumenöl erhitzen, 1 gehackte rote Zwiebel unter Rüh-ren 2–3 Minuten darin braten. 4 ge-hackte Knoblauchzehen und 1 ent-kernte, gehackte rote Chili zugeben und weitere 1–2 Minuten unter Rüh-ren braten. 4 große in Stücke ge-schnittene Hähnchenbrustfilets und je 1 entkernte und in große Stücke geschnittene rote und gelbe Paprika zugeben und unter Rühren einige Minuten dünsten, bis das Fleisch leicht gebräunt ist. Mit 500 ml heißer Hühnerbrühe auffüllen und aufko-chen. Ohne Deckel bei mittlerer Hitze 15–20 Minuten köcheln lassen, wür-zen und mit knusprigem Brot sofort servieren.

Spanischer Puteneintopf mit Chili und Zitrone

Für 4 Personen

800 g Putenbrust, in mundgerechte Stücke geschnitten

2 EL Sonnenblumenöl

4 Knoblauchzehen, zerdrückt

1 Zwiebel, fein gehackt

2 TL getrocknete Chiliflocken

10–12 sehr kleine Zwiebeln, geschält

2 Karotten, geputzt und in Scheiben geschnitten

2 Kartoffeln, geschält und in Stücke geschnitten

1 EL Paprikapulver edelsüß

Saft von 1 Zitrone

6 EL fein gehackte glatte Petersilienblätter

500 ml Hühnerbrühe

Salz und frisch gemahlener Pfeffer

- Das Putenfleisch in eine Schüssel geben und würzen. Das Sonnenblumenöl in einer Pfanne erhitzen und das Fleisch auf höchster Stufe unter Rühren 2–3 Minuten darin scharf anbraten.

- Das Fleisch in einen Topf legen, die restlichen Zutaten unterrühren und aufkochen lassen. Bei mittlerer Hitze offen 20 Minuten köcheln lassen, bis das Fleisch und das Gemüse gar sind.

- In vorgewärmten Schalen anrichten und mit Brot servieren.

Schneller Putenreis mit Chili und Zitrone

In einer Pfanne 2 EL Sonnenblumenöl erhitzen, 4 gehackte Knoblauchzehen, 1 entkernte und gehackte rote Chili und ½ klein gehackte Zwiebel 1–2 Minuten darin braten. 500 g vorgegarten Reis, 1 EL geräuchertes Paprikapulver und 400 g gewürfeltes Putenbrustfilet zugeben und das Ganze weitere 6–8 Minuten braten. Die Pfanne vom Herd ziehen, würzen und die abgeriebene Schale von ½ unbehandelten Zitrone sowie 4 EL gehackte glatte Petersilienblätter untermischen.

Pute mit Chili und Zitrone aus der Pfanne

Im Wok oder in der Pfanne 2 EL Sonnenblumenöl erhitzen, 2 fein geschnittene Zwiebeln, 2 entkernte und fein geschnittene rote Chilis, 1 TL fein geriebene frische Ingwerwurzel und 3 gehackte Knoblauchzehen zugeben und 4–5 Minuten unter Rühren bei großer Hitze braten. 600 g fein geschnittenes Putenbrustfilets hinzufügen und weitere 8 Minuten unter Rühren braten. 4 EL helle Sojasauce, 2 EL süße Chilisauce und den Saft und die abgeriebene Schale von 1 unbehandelten Zitrone unterrühren. Abschmecken und sofort mit Reis oder Nudeln servieren.

Couscous mit Hähnchen, Aprikosen und Cranberrys

Für 4 Personen

200 g Couscous
1 EL scharfes Currypulver
5 EL extra natives Olivenöl
700 ml heiße Hühnerbrühe
100 g Cashewkerne
abgeriebene Schale und Saft von
   1 unbehandelten Zitrone
1 rote Chili, entkernt und gehackt
4 EL gehackte Korianderblätter
100 g getrocknete Aprikosen, fein
   gehackt
100 g getrocknete Cranberrys
2 vorgegarte Hähnchenbrüste ohne
   Haut, grob zerkleinert
Saft von 1 Orange
Salz und frisch gemahlener Pfeffer
1 Handvoll gehackte glatte Petersilienblätter zum Garnieren

- Couscous, Curry und Olivenöl in eine große hitzefeste Schüssel geben. Die Brühe zugießen und unterrühren. Die Schüssel abdecken und das Ganze 8–10 Minuten bzw. nach Packungsangabe quellen lassen, bis die Brühe vollständig aufgenommen ist.

- Eine kleine Pfanne erhitzen und die Cashewkerne darin unter Rühren 3–4 Minuten trocken rösten. Herausnehmen und beiseitestellen.

- Den Couscous mit einer Gabel auflockern, dann die Cashewkerne und die restlichen Zutaten unterrühren. Abschmecken, gut mischen und mit gehackter glatter Petersilie bestreut servieren.

Fruchtig-scharfer Hähnchen-Couscous-Salat 200 g Couscous und 5 EL Olivenöl in eine hitzefeste Schüssel geben. 700 ml heiße Brühe zugießen und unterrühren. Abdecken und 8–10 Minuten quellen lassen, bis die Brühe vollständig aufgenommen ist. 400 g vorgegarte Hähnchenbrust zerteilen und zum Couscous geben. 4 EL Öl, 1 entkernte und fein gehackte rote Chili, 50 g gehackte getrocknete Aprikosen, 50 g getrocknete Cranberrys, 1 TL scharfes Currypulver und den Saft von 2 Limetten zugeben und gut würzen.

Fruchtige Hähnchen-tajine 350 g Couscous in eine hitzefeste Schüssel geben, mit kochendem Wasser bedecken, abdecken und 8–10 Minuten bzw. nach Packungsangabe quellen lassen. In einer Pfanne 2 EL Olivenöl erhitzen, 1 EL scharfes Currypulver einrühren, 1 gehackte Zwiebel, 2 gehackte Knoblauchzehen und 1 EL fein geriebene frische Ingwerwurzel zugeben und bei großer Hitze 1 Minute unter Rühren braten. 700 g gewürfeltes Hähnchenfleisch hinzufügen und weitere 1–2 Minuten braten. Mit 600 ml Hühnerbrühe ablöschen und aufkochen. 300 g getrocknete Aprikosen und 200 g Sultaninen unterrühren und das Ganze bei mittlerer Hitze 20 Minuten köcheln lassen. 1 EL Harissa (scharfe Gewürzpaste) und 1 Handvoll gehackte Korianderblätter unterrühren und würzen. Mit dem Couscous servieren.

30 Scharfer Hähncheneintopf mit eingelegter Zitrone

Für 4 Personen

2 EL Olivenöl

800 g Hähnchenbrustfilet, in mundgerechte Stücke geschnitten

1 große Zwiebel, fein geschnitten

4 Knoblauchzehen, fein gehackt

1 TL fein geriebene frische Ingwerwurzel

1 rote Chili, entkernt und fein gehackt

3 Zimtstangen

2 TL gemahlener Kreuzkümmel

¼ TL gemahlenes Kurkuma

2 große Karotten, geputzt und in mundgerechte Stücke geschnitten

1 gute Prise Safranfäden

750 ml Hühnerbrühe

1 EL mildes Harissa (mild-scharfe Gewürzpaste)

8 entsteinte grüne Oliven

6 kleine eingelegte Zitronen (türkischer und arabischer Lebensmittelhandel), halbiert

Salz und frisch gemahlener Pfeffer

- In einem großen Topf das Olivenöl erhitzen und das Fleisch und die Zwiebeln bei hoher Temperatur unter Rühren 2–3 Minuten darin scharf anbraten. Knoblauch, Ingwer, Chili, Kreuzkümmel, Kurkuma und die Zimtstangen unterrühren und 30 Sekunden anbraten.

- Die Karotten, den Safran und die Brühe zugeben und aufkochen lassen. Bei mittlerer Hitze offen 15–20 Minuten köcheln lassen, bis das Fleisch und die Karotten weich sind.

- Harissa, Oliven und Zitronen unterziehen, nach Geschmack würzen und die Zutaten gut mischen. In vorgewärmten Schalen anrichten und sofort servieren.

---

1 Würziger Hähnchen-Zitronen-Salat 4 vorgegarte Hähnchenbrüste ohne Haut grob zerteilen und mit den zerkleinerten Blättern von 1 Romanasalat mischen. Den Saft von 1 Zitrone, 2 EL fein gehackte eingelegte Zitronen (türkischer und arabischer Lebensmittelhandel), 2 TL Harissa (scharfe Gewürzpaste), 1 EL flüssiger Honig und 6 EL Olivenöl verrühren, würzen und mit dem Salat vermischen.

2 Hähnchen-Zitronen-Spieße Den Backofengrill auf mittlerer Stufe vorheizen. 1 EL Harissa (scharfe Gewürzpaste) mit 2 EL fein gehackten eingelegten Zitronen (türkischer und arabischer Lebensmittelhandel), dem Saft von 2 Zitronen und 1 EL flüssigem Honig verrühren. In einer Schüssel mit 800 g gewürfeltem Hähnchenbrustfilet vermischen. Würzen und abgedeckt einige Minuten marinieren lassen. Das Fleisch auf 8 Metallspieße stecken und unter dem Grill von jeder Seite 6–8 Minuten garen. Mit Couscous oder Reis servieren.

Vietnamesisches Hähnchenfilet

Für 4 Personen

3 EL Sonnenblumenöl

800 g Hähnchenbrustfilet, in feine Streifen geschnitten

12 Frühlingszwiebeln, in 3 cm lange Stücke geschnitten

4 Knoblauchzehen, fein gehackt

1 rote Chili, entkernt und klein geschnitten

2 Sternanis

1 Zitronengrasstängel (8 cm), fein gehackt

1 TL zerdrückte Kardamomsamen

1 Zimtstange

300 g Zuckerschoten, klein geschnitten

1 Karotte, geputzt und in Stifte geschnitten

2 EL Fischsauce (Asia-Handel)

3 EL Austernsauce (Asia-Handel)

1 Handvoll gehackte Korianderblätter, je 1 Handvoll gehackte Minzeblätter und gehackte geröstete Erdnüsse zum Garnieren

- In einem Wok oder einer Pfanne die Hälfte des Sonnenblumenöls erhitzen und das Hähnchenfleisch unter Rühren 3–4 Minuten darin scharf anbraten. Mit einem Schaumlöffel herausnehmen und zunächst beiseitestellen.

- Das restliche Öl erhitzen, die Frühlingszwiebeln in 1–2 Minuten darin weich braten. Knoblauch, Chili, Sternanis, Zitronengras, Kardamom, Zimtstange, Zuckerschoten und die Karotte zugeben und unter Rühren weitere 3–4 Minuten braten.

- Das Hähnchenfleisch mit der Fisch- und Austernsauce in den Wok oder die Pfanne geben und das Ganze 4 Minuten unter Rühren braten, bis das Fleisch gar ist.

- In vorgewärmten Schalen anrichten, mit gehackten Kräutern und Erdnüssen bestreuen und sofort servieren.

Vietnamesische Hühnersuppe In einem Topf 800 ml frische Hühnerbrühe, 1 TL Zimtpulver und 1 EL Zitronengraspaste, 1 TL Chilipaste sowie 1 TL Knoblauchpaste aus dem Asia-Handel aufkochen. 400 g gegartes und gewürfeltes Hähnchenfleisch zugeben und 2 Minuten darin erhitzen.

Vietnamesisches Grillhähnchen 800 g Hähnchenschenkel ohne Haut in große Stücke schneiden und in eine Schüssel geben. Den Saft von 2 Limetten mit 2 cm gehacktem Zitronengrasstängel, 2 EL Fischsauce, 1 EL Knoblauchpaste, beides aus dem Asia-Handel, 2 entkernten und gehackten roten Chilis, 2 EL feinem Zucker und 2 EL Sonnenblumenöl mischen und das Fleisch darin abgedeckt 5 Minuten marinieren. In der Zwischenzeit den Backofengrill auf mittlerer Stufe vorheizen. Die Fleischstücke nebeneinander auf einen geölten Grillrost legen, mit der restlichen Marinade bestreichen und unter dem Grill 3–6 Minuten von jeder Seite garen. Mit Reis servieren.

Hähnchencurry auf Thai-Art

Für 4 Personen

400 ml Kokosmilch

100 g Korianderblätter, gehackt

1 EL Sonnenblumenöl

3 EL grüne Currypaste (Asia-Handel)

2 grüne Chilis, entkernt und fein gehackt

800 g Hähnchenkeulen ohne Haut und Knochen, in mundgerechte Stücke geschnitten

200 m Hühnerbrühe

6 Kaffirlimettenblätter (Feinkost-handel)

2 EL Fischsauce (Asia-Handel)

1 EL Palmzucker oder feiner Zucker

200 g kleine Auberginen, in kleine Würfel geschnitten

100 g grüne Bohnen, geputzt

Saft von 1 Limette

1 EL rote Chilistreifen zum Garnieren

- In einer Küchenmaschine die Kokosmilch und die Korianderblätter gut mischen. Das Ganze durch ein feines Sieb passieren und die Korianderblätter entfernen.

- In einem großen Wok das Sonnenblumenöl erhitzen, die Currypaste und die grünen Chilis einrühren und auf höchster Stufe 2–3 Minuten darin braten. Das Fleisch zugeben und unter Rühren in 5–6 Minuten leicht braun anbraten.

- Die Kokosmilchmischung zugeben und danach auch die Brühe, die Limettenblätter, die Fischsauce, den Zucker und die Auberginen. Das Ganze bei schwacher Hitze offen 10–15 Minuten köcheln las-sen, dabei gelegentlich umrühren. Die grünen Bohnen hinzufügen und in einigen Minuten weich garen.

- Den Wok vom Herd nehmen und den Limettensaft einrühren. In vorgewärmten tiefen Tellern anrichten, mit Chilistreifen bestreut zu Jasminreis servieren.

 Gebratenes Thai-Hähnchen Im Wok
2 EL Sonnenblumenöl erhitzen, 2 EL grüne Currypaste (Asia-Handel) ein-rühren und bei mittlerer Hitze 1 Minu-te braten. 600 g gewürfeltes Hähn-chenbrustfilet und 200 ml Kokosmilch zugeben. Das Ganze 5–6 Minuten köcheln lassen. Mit Reis servieren.

 Gegrilltes Thai-Hähn-chen Den Backofen-grill auf mittlerer Stufe vorheizen.
1 EL grüne Currypaste (Asia-Handel), 100 g Kokoscreme und den Saft von 1 Limette verrühren. 4 große Hähn-chenbrustfilets jeweils 3–4-mal ein-schneiden und die Einschnitte mit der Paste füllen. Die restliche Paste auf dem Fleisch verteilen und salzen. Unter dem Grill von jeder Seite 6–8 Mi-nuten garen. Mit Reis, Salat oder Nu-deln servieren.

30 Curryente auf Thai-Art

Für 4 Personen

2 EL Sonnenblumenöl

2 Knoblauchzehen, zerdrückt

1 TL fein geriebene frische Ingwerwurzel

2 EL rote Currypaste (Asia-Handel)

400 g Entenbrustfilet, in sehr dünne
Scheiben geschnitten

400 ml Kokosmilch

200 g Zuckerschoten, längs halbiert

200 ml Hühnerbrühe

4 Kaffirlimettenblätter (Feinkosthandel)

2 TL Palmzucker oder feiner Zucker

2 Zitronengrasstängel, zerdrückt

Salz und frisch gemahlener Pfeffer

1 EL gehackte Korianderblätter zum
Garnieren

- Im Wok oder in der Pfanne das Sonnenblumenöl erhitzen und den Knoblauch und den Ingwer unter Rühren 20–30 Sekunden darin anbraten. Die Currypaste einrühren und 30 Sekunden braten, dann das Fleisch zugeben und weitere 4–5 Minuten unter Rühren braten.

- Die Kokosmilch, die Zuckerschoten, die Brühe, die Limettenblätter, den Zucker und das Zitronengras einrühren und aufkochen. Bei mittlerer Hitze offen 15–20 Minuten köcheln lassen, gelegentlich umrühren. Nach Geschmack würzen.

- In vorgewärmten tiefen Tellern anrichten, mit Korianderblättern bestreuen und mit Jasminreis servieren.

1 Thai-Entenbrustsalat

4 geräucherte Entenbrüste in dünne Scheiben schneiden und mit 1 Handvoll gemischten Salatblättern in eine Schüssel geben. 1 TL rote Currypaste (Asia-Handel), 6 EL leichtes Olivenöl, 2 TL flüssigen Honig und 3 EL Rotweinessig verrühren und würzen. Mit den Salatzutaten mischen und mit Brot servieren.

2 Gegrillte Thai-Ente

Den Backofengrill auf mittlerer Stufe vorheizen. 1 EL rote Currypaste (Asia-Handel) mit 100 ml Kokoscreme verrühren. Die Haut von 4 Entenbrüsten mehrmals einschneiden, mit der Curry-Kokos-Mischung bestreichen und würzen. Die Entenbrüste nebeneinander mit der Haut nach oben auf einen geölten Grillrost legen und unter dem Grill von jeder Seite 4–5 Minuten garen. Dazu Reis und Chinagemüse servieren.

 Gefülltes Thai-Kokos-Hähnchen

Für 4 Personen

4 große Hähnchenbrustfilets mit Haut
1 TL grüne Currypaste (Asia-Handel)
4 EL Kokoscreme
2 EL frische Semmelbrösel
abgeriebene Schale von 1 unbehandelten Limette
1 TL Zitronengraspaste (Asia-Handel)
Salz und frisch gemahlener Pfeffer
Sonnenblumenöl zum Beträufeln

• Den Backofen auf 180 °C vorheizen. Mit einem kleinen scharfen Messer jeweils seitlich tiefe Taschen in die Hähnchenbrüste schneiden. Die restlichen Zutaten mischen und würzen. Die Taschen damit füllen.

• Die Hähnchenstücke mit Sonnenblumenöl beträufeln und auf ein Backblech legen. Das Fleisch im Backofen auf der mittleren Schiene in 18–20 Minuten garen.

• Dazu Jasminreis und gedämpftes Chinagemüse, z. B. Pak Choi, servieren.

 **Thai-Curry** Im Wok oder in der Pfanne 2 EL Sonnenblumenöl erhitzen und 2 EL grüne Currypaste (Asia-Handel) unter Rühren 1–2 Minuten darin braten. 4 vorgegarte Hähnchenbrüste ohne Haut würfeln und hinzufügen. 400 ml Kokosmilch zugeben und aufkochen lassen. 3–4 Minuten köcheln lassen, dann vom Herd nehmen, würzen und je 4 EL gehackte Korianderblätter und Thai-Basilikumblätter unterrühren. Mit Reis oder Nudeln servieren.

Gebratenes Thai-Hähnchen mit Reis Im Wok oder in der Pfanne 2 EL Sonnenblumenöl erhitzen und 6 klein geschnittene Frühlingszwiebeln, 1 gehackte Knoblauchzehe, 1 TL fein geriebene frische Ingwerwurzel, 2 cm fein gehacktes Zitronengras und 1 EL grüne Currypaste (Asia-Handel) zugeben. Unter Rühren 1–2 Minuten erhitzen. 100 ml Kokosmilch einrühren, dann 500 g vorgegarten Basmatireis und 4 vorgegarte, klein geschnittene Hähnchenbrüste hinzufügen. 7–8 Minuten unter Rühren erhitzen, abschmecken und sofort servieren.

Süß-scharfe Hähnchennudeln

Für 4 Personen

300 g asiatische Eiernudeln

2 EL Sonnenblumenöl

400 g Hähnchenbrustfilet, gewürfelt

300 g Mischgemüse (nach Belieben), geputzt und in mundgerechte Stücke geschnitten

2 rote Chilis, entkernt und gehackt

1 Knoblauchzehe, zerdrückt

1 EL Speisestärke

6 EL helle Sojasauce

5 EL süße Chilisauce

1 EL Reisweinessig

4 EL Passata (passierte Tomaten)

1 EL heller brauner Zucker

½ TL gemahlener Ingwer

200 g Ananas, fein gewürfelt

4 Frühlingszwiebeln, klein geschnitten

- Die Nudeln nach Packungsangabe in Salzwasser garen, abgießen und warm halten.

- In der Zwischenzeit das Sonnenblumenöl im Wok oder in der Pfanne erhitzen, das Hähnchenfleisch zugeben und bei mittlerer Hitze unter Rühren in 6–8 Minuten leicht bräunen, bis es gar ist. Das Gemüse hinzufügen und weitere 4–6 Minuten braten.

- Rote Chilis, Knoblauch, Stärke, Sojasauce, Chilisauce, Essig, Passata, Zucker und Ingwer in einer kleinen Schüssel verrühren, das Ganze in den Wok oder die Pfanne geben und 50 ml Wasser zugießen. Dann Ananas und Frühlingszwiebeln hinzufügen und unter Rühren 2–3 Minuten braten.

- Die Nudeln in den Wok geben, untermischen und gut erhitzen. In vorgewärmten tiefen Tellern anrichten und sofort servieren.

Süß-scharfes Hähnchen mit Erbsenreis

Im Wok 2 EL Sonnenblumenöl erhitzen, 500 g vorgegarten Reis, 300 g Erbsen aus der Dose, 1 EL süße Chilisauce, 4 EL helle Sojasauce und 1 EL Knoblauchpaste aus dem Asia-Handel zugeben und unter Rühren 4–5 Minuten darin braten. 400 g klein geschnittene, vorgegarte Hähnchenbrust hinzufügen und 2–3 Minuten erhitzen.

Süß-scharfe Hähnchenkeulen

Den Backofen auf 220 °C vorheizen. 12 Hähnchenkeulen jeweils 3–4-mal einschneiden und in eine Auflaufform legen. 3 entkernte und klein geschnittene rote Chilis, 2 zerdrückte Knoblauchzehen, 8 EL helle Sojasauce, 5 EL süße Chilisauce, 2 EL Reisweinessig, 1 EL hellen braunen Zucker, 4 EL Sonnenblumenöl und 1 TL gemahlenen Ingwer mischen und auf dem Fleisch verteilen. Im Backofen 20–25 Minuten backen. Mit Nudeln oder Reis servieren.

30 Tajine mit Harissa und Geflügel-bällchen

Für 4 Personen

800 g Hähnchenbrustfilet, fein geschnitten

2 TL fein geriebene frische Ingwerwurzel

4 TL fein geriebener Knoblauch

1 TL gemahlener Zimt

35 g Korianderblätter, fein gehackt,
zzgl. Koriander zum Garnieren

3 EL Sonnenblumenöl

1 Zwiebel, fein gehackt

2 EL mildes Harissa (mild-scharfe
Gewürzpaste)

1 Dose gehackte Tomaten (400 g)

200 ml Hühnerbrühe

Salz und frisch gemahlener Pfeffer

- In einer Küchenmaschine das Hähnchen zu einer Hackfleischmi-schung pürieren.

- Ingwer, Knoblauch, Zimt, Korianderblätter und das Hackfleisch in eine Schüssel geben und gut würzen. Die Zutaten per Hand verkne-ten und dann mit leicht angefeuchteten Händen kleine Bällchen formen.

- In einer Pfanne 2 EL Sonnenblumenöl erhitzen und die Hackbäll-chen darin portionsweise leicht braun anbraten. Mit einem Schaum-löffel herausnehmen und beiseitestellen.

- Das restliche Öl zugeben und die Zwiebeln darin bei mittlerer Hitze unter Rühren 1–2 Minuten braten. Das Harissa einrühren und 1–2 Minuten weiterbraten. Die Tomaten und die Brühe hinzufügen und aufkochen. Offen bei mittlerer Hitze 10 Minuten köcheln lassen.

- Die Hackbällchen wieder in die Pfanne geben und vorsichtig mit der Sauce mischen. Weitere 5–6 Minuten sanft köcheln lassen.

- In vorgewärmten tiefen Tellern anrichten und mit gehackten Korian-derblättern bestreut zu Couscous servieren.

 Sautiertes Harissa-hähnchen In einer Pfanne 1 EL Sonnenblumenöl erhit-zen, 600 g fein geschnittenes Hähn-chenbrustfilet zugeben und bei gro-ßer Hitze in 5–7 Minuten braun braten. 3 EL mildes Harissa (mild-scharfe Gewürzpaste) und 300 g Erbsen aus der Dose einrühren und weitere 2–3 Minuten garen. Die Pfanne vom Herd nehmen und das Ganze mit 4 EL gehackten Korian-derblättern garniert mit Reis oder Brot servieren.

 Gegrilltes Harissa-hähnchen Den Back-ofengrill auf mittlerer Stufe vorheizen. 2 EL mildes Harissa (mild-scharfe Gewürzpaste), den Saft von 1 Zitro-ne und 4 EL Naturjoghurt mit etwas Salz in einer kleinen Schüssel ver-rühren. 4 Hähnchenbrustfilets jeweils 3–4-mal tief einschneiden und die Mischung in die Einschnitte strei-chen. Das Fleisch auf einen leicht geölten Grillrost legen und unter dem Grill von jeder Seite 6–8 Minuten ga-ren. Sofort zu einem knackigen grü-nen Salat, Reis oder Brot reichen.

Mango-Entenbrust-Salat

Für 4 Personen

400 g frische Mango, in mundgerechte Stücke geschnitten

4 geräucherte Entenbrüste ohne
Haut, grob zerkleinert

8 EL Mayonnaise

4 EL süße Chilisauce

Saft von 1 Limette

Salz und frisch gemahlener Pfeffer

- Die Mango und die Entenbrüste in eine große Salatschüssel geben und gut würzen.

- In einer weiteren Schüssel Mayonnaise, süße Chilisauce und Limettensaft mischen. Das Dressing zum Salat geben, gut mit den Zutaten vermischen und sofort servieren.

Mango-Entenbrust-Curry Im Wok 2 EL Sonnenblumenöl erhitzen, 1 gehackte Zwiebel, 1 entkernte und gehackte rote Chili, 1 gehackte Knoblauchzehe und 1 TL fein geriebene frische Ingwerwurzel zugeben und unter Rühren 1–2 Minuten braten. 600 g klein geschnittene Entenbrust ohne Haut hinzufügen und bei großer Hitze unter Rühren 3–4 Minuten leicht knusprig braten. 400 ml Kokosmilch, 100 ml Wasser und 2 EL mittelscharfe Currypaste aus dem Asia-Handel unterrühren und aufkochen. Offen 10–12 Minuten köcheln lassen, bis das Fleisch gar ist. 400 g frische Mangostücke zugeben und erwärmen. Sofort mit Reis servieren.

Mango-Entenbrust-Nudeln 2 große in Streifen geschnittene Entenbrüste ohne Haut in eine Schüssel legen. 2 EL Sonnenblumenöl, 2 EL scharfe Chilisauce, 4 EL süße Chilisauce und 4 EL Sojasauce verrühren. Das Fleisch gleichmäßig damit bedecken und würzen. Zugedeckt 15 Minuten marinieren lassen. 600 g asiatische Eiernudeln nach Packungsangabe garen. Einen Wok oder eine Pfanne erhitzen. Mit einem Schaumlöffel das Fleisch aus der Schüssel nehmen (Marinade aufbewahren) und auf hoher Stufe unter Rühren 5 Minuten anbraten. Zunächst 200 g frische Mangostücke unterrühren, dann 300 g geputztes und blanchiertes Mischgemüse, die Eiernudeln und die restliche Marinade zugeben. Das Ganze unter Rühren einige Minuten erhitzen. 75 g geröstete Erdnüsse untermischen, auf vorgewärmten Tellern anrichten und sofort servieren.

Pilz-Spinat-Pfannkuchen mit Hähnchen

Für 4 Personen

2 EL Butter zzgl. Butter zum Fetten

300 g kleine braune Champignons, in Scheiben geschnitten

6 Frühlingszwiebeln, klein geschnitten

2 Knoblauchzehen, zerdrückt

1 EL scharfes Currypulver

1 rote Chili, entkernt und gehackt

300 g junge Spinatblätter

2 vorgegarte Hähnchenbrüste ohne Haut, zerkleinert

4 EL gehackte Korianderblätter

8 vorgebackene Pfannkuchen

50 g geriebener Parmesan

Salz und frisch gemahlener Pfeffer

Für die Käsesauce

40 g Butter

1 EL Mehl

350 ml Milch

50 g geriebener Emmentaler

50 g geriebener Parmesan

1 Prise Muskatnuss

Salz und frisch gemahlener Pfeffer

- Den Backofengrill auf mittlerer Stufe vorheizen. Für die Käsesauce in einem Topf die Butter zerlassen und das Mehl unter Rühren darin anschwitzen. Die Milch mit dem Schneebesen einrühren und aufkochen lassen. Beide Käsesorten einrühren und das Ganze würzen.

- In einer Pfanne die Butter erhitzen und Pilze, Frühlingszwiebeln, Knoblauch, Curry und rote Chili auf hoher Stufe unter Rühren 4–5 Minuten darin braten, bis die Pilze weich sind. Die Hälfte der Käsesauce einrühren, den Spinat zugeben und 1 Minute mitdünsten. Die Pfanne vom Herd nehmen, das Hähnchenfleisch und die Korianderblätter unterrühren und würzen.

- Einen Pfannkuchen auf die Arbeitsfläche legen und ein Achtel der Pilz-Fleisch-Mischung in die Mitte geben, dann den Pfannkuchen aufrollen und in eine gefettete Auflaufform legen. Die übrigen Pfannkuchen ebenso füllen und nebeneinander in die Form reihen.

- Die restliche Käsesauce darübergeben, mit Parmesan bestreuen und würzen. Unter dem Grill in 3–4 Minuten goldgelb backen. Mit einem gemischten Salat servieren.

Hähnchen-Pilz-Spinatsalat mit scharfem Joghurtdressing 4 vorgegarte Hähnchenbrüste ohne Haut zerkleinern und in eine Salatschüssel geben. 200 g junge Spinatblätter und 200 g dünn geschnittene Champignons untermischen. 300 g Naturjoghurt mit 1 EL mildem Currypulver, 2 EL gehackten Korianderblättern und dem Saft von 1 Zitrone verrühren und würzen. Über den Salat geben, gut mischen und servieren.

Würziges Hähnchenpilaw mit Champignons und Spinat In einem Topf 2 EL Sonnenblumenöl erhitzen, 1 gehackte Zwiebel, 1 entkernte und fein gehackte rote Chili, 2 TL Kreuzkümmelsamen, 1 Zimtstange, 1 Lorbeerblatt, 1 EL mittelscharfes oder scharfes Currypulver und 400 g gewürfeltes Hähnchenbrustfilet hinzufügen und unter Rühren 1–2 Minuten braten. 400 g Basmatireis, 200 g gehackte junge Spinatblätter und 200 g

klein geschnittene Champignons zugeben und würzen. 800 ml heiße Gemüsebrühe zugießen und aufkochen lassen. Zugedeckt bei schwacher Hitze 15–20 Minuten köcheln lassen, bis die Flüssigkeit vollständig aufgenommen ist. Den Topf vom Herd ziehen und vor dem Servieren einige Minuten ruhen lassen.

Champignoncremesuppe mit Hähnchenbruststreifen

Für 4 Personen

2 EL Sonnenblumenöl

250 g Hähnchenbrustfilet, in dünne Streifen geschnitten

250 g Champignons, in Scheiben geschnitten

50 g Mehl

1 l Hühnerbrühe

125 g Sahne

Saft von 1 Zitrone

2 TL Worcestersauce

2 Knoblauchzehen, zerdrückt

1 rote Chili, entkernt und fein gehackt, zzgl. Chili zum Garnieren

2 EL fein gehackte frische Rosmarinnadeln

1 EL Schnittlauchröllchen zum Garnieren

1 EL Chiliöl zum Beträufeln

- In einem Topf 2 EL Sonnenblumenöl erhitzen und das Fleisch darin anbraten. Die Pilze hinzufügen und andünsten. Das Mehl darüberstäuben, anschwitzen lassen und mit der Brühe auffüllen. Die Suppe 10 Minuten garen lassen, dann die Sahne zugießen und das Ganze mit Salz, Pfeffer, Zitronensaft, Worcestersauce, Knoblauch, Chili und Rosmarin würzen.

- Den Topf vom Herd nehmen. In Suppentassen füllen, mit Schnittlauch und dem restlichen Chili bestreuen und mit Chiliöl beträufeln. Sofort mit Brötchen servieren.

Hähnchenpasta mit Chili und Rosmarin

350 g Penne in reichlich Salzwasser nach Packungsanleitung al dente garen. In einer Pfanne 2 EL Olivenöl erhitzen, 2 gehackte Knoblauchzehen, 2 entkernte und fein gehackte rote Chilis sowie 400 g gewürfeltes Hähnchenfleisch zugeben und bei mittlerer Hitze unter gelegentlichem Rühren 8–10 Minuten braten. 1 TL geriebelten Rosmarin und 200 g Crème fraîche unterrühren. Die Nudeln abgießen und untermischen. Sofort mit Rucolasalat servieren.

Gefülltes Rosmarinhähnchen Den Backofen auf 180 °C vorheizen. 35 g fein gehackte glatte Petersilienblätter, 2 EL fein gehackte Rosmarinnadeln, 2 entkernte und gehackte rote Chilis, 2 EL geriebenen Pecorino, 2 zerdrückte Knoblauchzehen, 1 ½ EL weiche Butter sowie den Saft und die abgeriebene Schale von 1 unbehandelten Zitrone zu einer Paste verarbeiten und abschmecken. Von 4 Hähnchenbrustfilets mit Haut die Haut vorsichtig hochziehen (an einer Stelle sollte sie fest bleiben) und die

Mischung auf das Fleisch streichen. Anschließend die Haut wieder auflegen. 2 EL Olivenöl und 1 ½ EL Butter in einer ofenfesten Pfanne erhitzen und das Hähnchen mit der Haut nach unten 1–2 Minuten knusprig braten. Das Fleisch wenden und 1 Minute weiterbraten. Die Pfanne in den Backofen stellen und das Fleisch darin 12–15 Minuten garen. Mit Folie abgedeckt 5 Minuten ruhen lassen und mit einem gemischten Salat servieren.

30 Erbsen-Hähnchen-Curry

Für 4 Personen

3 EL Sonnenblumenöl

2 TL Kreuzkümmelsamen

2 Zwiebeln, fein gehackt

1 EL fein geriebene frische Ingwerwurzel

1 TL geriebener Knoblauch

500 g Hähnchenbrustfilet, in sehr feine Streifen geschnitten

2 EL gemahlener Koriander

1 TL scharfes Chilipulver

1 EL gemahlener Kreuzkümmel

1 EL Garam Masala

1 rote Paprika, fein gewürfelt

100 g Erbsen aus der Dose

2 reife Tomaten, fein gewürfelt

Saft von ½ Limette

1 EL gehackte Korianderblätter zum Garnieren

• Im Wok oder in der Pfanne 3 EL Sonnenblumenöl erhitzen. Die Kreuzkümmelsamen zugeben und bei mittlerer Hitze unter Rühren 1 Minute rösten. Die Zwiebeln hinzufügen und unter Rühren 3–4 Minuten braten, dann Ingwer und Knoblauch zugeben und 1 Minute weiterbraten.

• Das Fleisch und die gemahlenen Gewürze in den Wok oder in die Pfanne geben. In 5–7 Minuten leicht anbräunen. Paprika, Erbsen und Tomaten untermischen und unter Rühren 3–4 Minuten erhitzen.

• Vom Herd ziehen und den Limettensaft einrühren. In vorgewärmte tiefe Teller füllen und mit Korianderblättern bestreut servieren. Dazu warme Chapatis (indisches Fladenbrot) und jeweils einen Klecks Joghurt reichen.

 Curry mit Kokoshähnchen Im Wok 2 EL Olivenöl erhitzen, 600 g in sehr feine Streifen geschnittenes Hähnchenbrustfilet und 2 EL grüne Currypaste aus dem Asia-Handel zugeben und unter Rühren auf höchster Stufe 5–7 Minuten braten. 400 ml Kokosmilch zugießen und 100 g Erbsen aus der Dose unterrühren. 3–4 Minuten köcheln lassen. Würzen und mit Jasminreis und Brot servieren.

 **Hähnchenpasta mit Erbsen** In einem Topf 1 EL Olivenöl erhitzen, 4 gehackte Schalotten, 2 TL Kreuzkümmelsamen, 4 zerdrückte Knoblauchzehen, 100 g Erbsen aus der Dose, 1 TL fein geriebene frische Ingwerwurzel, 1 TL gemahlenen Kreuzkümmel, 1 TL gemahlenen Koriander und 1 TL scharfes Chilipulver zugeben und auf höchster Stufe 5–6 Minuten braten. 500 g in sehr feine Streifen geschnittenes Hähnchenbrustfilet hinzufügen und unter Rühren weitere 5–7 Minuten braten. 1 Dose gehackte Tomaten (400 g), 100 ml Passata (passierte Tomaten) und 1 TL Zucker unterrühren und bei schwacher Hitze 20 Minuten köcheln lassen. Dazu Nudeln reichen.

30 Geflügelfrikadellen mit Garnelen und Zitronengras

Für 4 Personen

400 g Hähnchenbrustfilet, fein
geschnitten
400 g geschälte rohe Tigergarnelen
4 cm Zitronengras, fein gehackt
50 g Korianderblätter, gehackt
5 EL gehackte Minzeblätter
1 EL fein geriebene frische Ingwerwurzel
2 große Knoblauchzehen, zerdrückt
1 rote Chili, entkernt und fein gehackt
1 EL mittelscharfes Currypulver
200 g Reisnudeln
2 EL Sonnenblumenöl
Salz und frisch gemahlener Pfeffer

• Den Backofengrill auf mittlerer Stufe vorheizen. In einer Küchenmaschine die Fleischstückchen und die Garnelen sowie Zitronengras,
gehackte Kräuter, Ingwer, Knoblauch, rote Chili und Curry zu einer
feinen Mischung verarbeiten. Mit angefeuchteten Händen die Mischung in 12 Portionen teilen und jede Portion zu einer Frikadelle
formen. Auf ein beschichtetes Backblech legen, abdecken und
8–10 Minuten kalt stellen.

• In der Zwischenzeit die Reisnudeln nach Packungsanleitung kochen, abgießen und warm halten.

• Die Frikadellen mit Öl bestreichen und würzen. Unter dem Grill in
10 Minuten garen, zwischendurch einmal wenden.

• Die Frikadellen auf vier Tellern anrichten, mit Reisnudeln, Limetten-
spalten und süßer Chilisauce zum Dippen servieren.

1 **Hähnchen, Garnelen
und Zitronengras aus
dem Wok** Im Wok 2 EL Sonnenblumenöl erhitzen, 500 g fein geschnittenes Hähnchenbrustfilet, 1 EL grüne
Currypaste (Asia-Handel) und 1 EL
Zitronengraspaste (Asia-Handel) zugeben und auf höchster Stufe unter
Rühren 5–7 Minuten braten. 300 g
geschälte und gekochte Garnelen
einrühren, dann je 1 EL Sojasauce
und Fischsauce (Asia-Handel) hinzufügen. 3–4 Minuten erhitzen und mit
Nudeln servieren.

2 **Hähnchenspieße mit
Garnelen und Zitro-
nengras** Den Backofengrill auf mittlerer Stufe vorheizen. In einer Küchenmaschine 400 g fein geschnittenes Hähnchenbrustfilet, 400 g geschälte rohe Tigergarnelen, 1 EL Zitronengraspaste (Asia-Handel), je
1 TL Ingwer- und Knoblauchpaste
(Asia-Handel), 1 TL süße Chilisauce
und 100 g Semmelbrösel zu einer
glatten Mischung verarbeiten. In
12 gleichmäßige Portionen teilen.
Jede Portion länglich um einen Spieß

formen. Unter dem Grill 3–4 Minuten
von jeder Seite garen. Mit einem gemischten Salat servieren.

 # Curryhähnchen mit Traubensalat

Für 4 Personen

4 große vorgegarte Hähnchenbrüste
mit Haut, in mundgerechte Stücke
geschnitten
1 große Handvoll junge Kopfsalat-
blätter
200 g Kirschtomaten, halbiert
200 g kernlose grüne Weintrauben,
halbiert
6 Frühlingszwiebeln, klein geschnitten

Für die Currymayonnaise
200 g Mayonnaise
2 TL scharfes Currypulver
abgeriebene Schale und Saft von
1 unbehandelten Zitrone
20 g Korianderblätter, fein gehackt

- Für die Currymayonnaise alle Zutaten in eine Schüssel geben und verrühren. Beiseitestellen.

- In einer großen Schüssel die Hähnchenbrust, die Salatblätter, Tomaten, Trauben und Frühlingszwiebeln gut vermischen.

- Die Mayonnaise unterrühren. Mit Brot servieren.

 **Hähnchen-Nudelsalat mit Currymayonnaise**

250 g Penne in reichlich Salzwasser nach Packungsanleitung al dente garen. 4 vorgegarte Hähnchenbrüste ohne Haut und Knochen, in mundgerechte Stücke geschnitten, 1 gewürfelte Salatgurke, 200 g halbierte Kirschtomaten, 1 klein geschnittene rote Zwiebel und 1 gewürfelten Apfel in eine große Salatschüssel geben. Mit den abgegossenen Nudeln vermischen. 300 g Mayonnaise mit 2 TL Currypulver mischen und unter den Salat ziehen.

 **Grillhähnchen mit Currymayonnaise**

Den Backofengrill auf mittlerer Stufe vorheizen. Für die Currymayonnaise 200 g Mayonnaise, 2 TL Currypulver, die abgeriebene Schale und den Saft von 1 unbehandelten Zitrone sowie 20 g fein gehackte Korianderblätter verrühren. 4 große Hähnchenbrustfilets in eine Schüssel legen. 6 EL Olivenöl mit 1 TL getrockneten Chiliflocken, 2 TL Paprikapulver, 2 zerdrückten Knoblauchzehen und dem Saft und der abgeriebenen Schale von 1 unbehandelten Zitrone verrüh-

ren und mit dem Fleisch vermischen. Unter dem Grill 6–8 Minuten von jeder Seite garen. Abgedeckt 2–3 Minuten ruhen lassen, dann mit der Mayonnaise und einem Salat servieren.

Würzige Entenbrust-Kebabs

Für 4 Personen

4 große Entenbrüste ohne Haut, in
   mundgerechte Stücke geschnitten
200 g Naturjoghurt
3 EL Tikkapaste (scharfe indische
   Currypaste aus dem Asia-Handel)
1 EL fein geriebener Knoblauch
1 EL fein geriebene frische Ingwerwurzel
Saft von 2 Limetten
2 rote Paprika, in mundgerechte
   Stücke geschnitten
Salz und frisch gemahlener Pfeffer
1 EL gehackte Korianderblätter zum
   Garnieren

• Den Backofengrill auf mittlerer Stufe vorheizen. Das Entenfleisch in
  eine große Porzellanform legen. Joghurt, Tikkapaste, Knoblauch,
  Ingwer und Limettensaft verrühren und würzen. Die Mischung
  gleichmäßig auf den Entenbrüsten verstreichen und das Fleisch
  darin 10 Minuten marinieren lassen.

• Die Entenbruststücke im Wechsel mit den Paprikastücken auf
  8 Metallspieße stecken. Unter dem Grill von jeder Seite 5–6 Minuten garen. Das Fleisch sollte innen noch leicht rosafarben sein.

• Die Spieße auf vier Tellern mit Korianderblättern garniert anrichten
  und mit Reis und gewürfelter, angemachter Salatgurke servieren.

Curryente mit Gemüse aus dem Wok Im Wok
1 EL Sonnenblumenöl erhitzen. 1 EL
Tikkapaste (scharfe indische Currypaste aus dem Asia-Handel), 8 klein
geschnittene Frühlingszwiebeln und
400 g geputztes und blanchiertes
Mischgemüse (nach Belieben) zugeben und auf höchster Stufe unter
Rühren 3–4 Minuten braten. 2 in
Scheiben geschnittene geräucherte
Entenbrüste, 3 EL süße Chilisauce
und 2 EL Sojasauce einrühren und
weitere 4–5 Minuten unter Rühren
braten. Mit Reis servieren.

**Curryomelett mit En-
tenbrust** Den Back-
ofengrill auf mittlerer Stufe vorheizen.
In einer ofenfesten Pfanne 2 EL Sonnenblumenöl erhitzen. 6 in Scheiben
geschnittene Frühlingszwiebeln,
2 gehackte Knoblauchzehen und
1 entkernte und fein gehackte rote
Chili unter Rühren in 1–2 Minuten
darin weich braten. 1 EL Tikkapaste
(scharfe indische Currypaste aus
dem Asia-Handel) und 2 fein gewürfelte geräucherte Entenbrüste unterrühren und 1–2 Minuten darin erhitzen. In der Zwischenzeit 6 Eier und

4 EL fein gehackte Korianderblätter
verrühren, gut würzen und in die
Pfanne gießen. Bei mittlerer Hitze in
10–12 Minuten stocken lassen, dann
unter dem Grill 4–5 Minuten backen.
Warm oder lauwarm servieren.

Chinesische Nudelpfanne mit Pute

Für 4 Personen

- 3 Putenschnitzel, in dünne Streifen geschnitten
- 4 EL helle Sojasauce
- 1 EL scharfe Chilisauce
- 2 EL Weißweinessig
- 4 Knoblauchzehen, zerdrückt
- 2 TL fein geriebene frische Ingwerwurzel
- 1 TL Fünf-Gewürze-Pulver
- 200 g asiatische Eiernudeln
- 2 EL Sonnenblumenöl
- 200 g Zuckerschoten, halbiert
- 200 g Wasserkastanien aus der Dose, abgetropft
- 100 g Bambussprossen aus der Dose, abgetropft
- 1 rote Paprika, klein geschnitten
- 8 Frühlingszwiebeln, schräg in Scheiben geschnitten
- 3 EL Austernsauce (Asia-Handel)
- 2 EL süße Chilisauce
- 2 EL dunkle Sojasauce
- ½ TL geröstetes Sesamöl

- Das Putenfleisch in eine flache Schale legen. Sojasauce, scharfe Chilisauce, Essig, Knoblauch, Ingwer und das Fünf-Gewürze-Pulver verrühren und das Fleisch gleichmäßig damit bedecken. 10 Minuten darin marinieren lassen.

- In der Zwischenzeit die Nudeln in reichlich Salzwasser nach Packungsangabe kochen und abgießen.

- Im Wok oder in der Pfanne das Sonnenblumenöl erhitzen. Das Fleisch mit der Marinade hineingeben und auf höchster Stufe unter Rühren in 4–5 Minuten scharf anbraten. Das gesamte Gemüse zugeben und unter Rühren weitere 4–5 Minuten braten. Dann Nudeln, Austernsauce, süße Chilisauce, Sojasauce und Sesamöl unterrühren und weitere 4 Minuten erhitzen.

- In vorgewärmten tiefen Tellern anrichten und sofort servieren.

 **Nudelsalat mit Pute**
300 g asiatische Eiernudeln nach Packungsangabe garen, kalt abschrecken und abtropfen lassen. Die Nudeln, 400 g vorgegartes, in Streifen geschnittenes Putenfleisch, ½ klein geschnittene Salatgurke und ½ gewürfelte Karotte in eine große Salatschüssel geben. 2 in Scheiben geschnittene Frühlingszwiebeln hinzufügen. 2 EL süße Chilisauce, 2 EL helle Sojasauce, 1 TL scharfe Chilisauce und 3 EL Reisweinessig verrühren, über den Salat geben und gut mit den Zutaten vermischen.

 Glasierte Putenschnitzel auf chinesische Art Den Backofengrill auf mittlerer Stufe vorheizen. 4 Putenschnitzel in eine Schale legen. 1 EL scharfe Chilisauce, 2 EL süße Chilisauce, 2 EL helle Sojasauce und 1 EL Austernsauce aus dem Asia-Handel verrühren, über das Fleisch geben und dieses 10 Minuten marinieren lassen. Unter dem Grill von jeder Seite 3–4 Minuten garen. Mit Reis servieren.

QuickHot & Spicy
Fleisch

Rezepte nach Zubereitungszeit

30

20

10

Afrikanischer Hackauflauf mit Mangochutney

Für 4 Personen

2 EL Sonnenblumenöl

500 g Hackfleisch

1 große Zwiebel, fein gehackt

2 Knoblauchzehen, zerdrückt

2 EL mittelscharfes Currypulver

4 EL Mangochutney

100 g frische Semmelbrösel

200 g Naturjoghurt

3 große Eier

Salz und frisch gemahlener Pfeffer

1 EL gehackte Korianderblätter zum Garnieren

- Den Backofen auf 200 °C vorheizen. Im Wok oder in der Pfanne 2 EL Sonnenblumenöl erhitzen und das Hackfleisch darin unter Rühren in 2–3 Minuten krümelig braten. Zwiebeln, Knoblauch und Curry zugeben und unter Rühren weitere 1–2 Minuten braten.

- Den Wok oder die Pfanne vom Herd ziehen, das Mangochutney und die Semmelbrösel unterrühren. Die Mischung in eine Auflaufform füllen.

- Den Joghurt und die Eier verrühren und gut würzen. Über das Fleisch gießen. Im Backofen in 20–25 Minuten goldbraun backen.

- Mit gehackten Korianderblättern bestreut servieren, dazu einen grünen Blattsalat reichen.

 Brötchen mit Hackfleisch und Mangochutney 4 warme Brötchen aufschneiden, jede Hälfte mit 1 EL Mayonnaise bestreichen und mit etwas mittelscharfem Curry bestreuen. Auf die unteren Hälften jeweils 1 EL Mangochutney und eine fertig gebratene Frikadelle legen. Die oberen Hälften aufsetzen und sofort servieren.

 Wraps mit Mangochutney und Hackfleisch In einer Pfanne 2 EL Sonnenblumenöl erhitzen, 300 g Hackfleisch, 1 TL Ingwerpaste, 1 EL mittelscharfen Curry und 1 TL Knoblauchpaste aus dem Asia-Handel zugeben und unter Rühren auf mittlerer Stufe 5–6 Minuten braten. 2 gehackte Tomaten und 4 in Scheiben geschnittene Frühlingszwiebeln hinzufügen und weitere 2–3 Minuten erhitzen. Würzen, vom Herd nehmen und 3 EL Mangochutney einrühren. 8 große Wraps trocken in einer Grillpfanne nach Packungsangabe erhitzen, jeweils mit 1 EL Naturjoghurt bestreichen. Die Hackmischung darauf verteilen, die Wraps aufrollen und servieren.

Chinesisches Rindfleisch mit Tofu und Gemüse

Für 4 Personen

400 g Rindersteak, in Streifen geschnitten

2 EL Sonnenblumenöl

400 g fester Tofu, in 2 cm große Würfel geschnitten

2 TL fein geriebene frische Ingwerwurzel

6 Frühlingszwiebeln, gehackt, zzgl. Frühlingszwiebeln zum Garnieren

1 rote Chili, entkernt und fein gehackt, zzgl. Chili zum Garnieren

je ½ gelbe und grüne Paprika, in Streifen geschnitten

200 Shiitake, in Scheiben geschnitten

1 EL Speisestärke

2 EL dunkle Sojasauce

2 EL Austernsauce (Asia-Handel)

50 ml Mirin (süßer Reiswein, Asia-Handel)

200 ml Gemüsebrühe

- Im Wok oder in der Pfanne 2 EL Sonnenblumenöl erhitzen, die Rindfleischstreifen und den Tofu zugeben und bei großer Hitze unter Rühren in 3–4 Minuten bräunen. Mit einem Schaumlöffel herausnehmen und auf Küchenpapier abtropfen lassen.

- Ingwer, Frühlingszwiebeln, rote Chili, Paprika und Pilze in den Wok oder in die Pfanne geben und in 3–4 Minuten unter Rühren weich braten.

- In einer Schüssel die Speisestärke mit 2 EL Wasser verrühren. Sojasauce, Austernsauce, Mirin und Brühe unterrühren und das Ganze in den Wok gießen. Aufkochen lassen, Tofu und Rindfleisch hinzufügen und bei schwacher Hitze 2–3 Minuten köcheln lassen.

- Abschmecken. In vorgewärmten Schalen anrichten, mit Frühlingszwiebeln und Chili garnieren und mit Reis servieren.

 **Tofu-Gemüse-Salat mit Rindfleisch** Je 1 rote und gelbe Paprika entstielen, entkernen und in Streifen schneiden. Mit 400 g gegartem, in Streifen geschnittenem Rindersteak, 6 klein geschnittenen Frühlingszwiebeln und 200 g gewürfeltem festem Tofu in eine Salatschüssel geben. 1 TL Ingwerpaste, 1 TL Chiliöl, 1 TL Sesamöl, 4 EL Sonnenblumenöl und 6 EL helle Sojasauce verrühren und mit den Salatzutaten mischen.

 Nudeln mit Rindfleisch, Tofu und Gemüse 300 g Reisnudeln nach Packungsangabe garen und warm halten. Im Wok oder in der Pfanne 2 EL Sonnenblumenöl erhitzen, 400 g in Streifen geschnittenes Rindersteak zugeben und unter Rühren 3–4 Minuten scharf anbraten. 8 klein geschnittene Frühlingszwiebeln, je 1 in Streifen geschnittene rote und gelbe Paprika sowie 200 g in Scheiben geschnittene Shiitake-Pilze hinzufügen und unter Rühren 4–5 Minuten braten. 125 g Chinasauce aus dem Asia-Handel und die Reisnudeln sowie 200 g gewürfelten Tofu zugeben. 2–3 Minuten erhitzen, dann sofort servieren.

Chili-Schweinefilet mit Zitronengras aus dem Wok

Für 4 Personen

1 EL Sesamöl

2 EL Sonnenblumenöl

500 g Schweinefilet, in mundgerechte Stücke geschnitten

8 cm Zitronengras, fein gehackt

2 EL Tamarindenpaste (Asia-Handel)

1 EL Fischsauce

1 EL gehackte Korianderblätter zum Garnieren

Für die Würzpaste

1 große Zwiebel, grob gehackt

2 Knoblauchzehen, gehackt

1 TL fein geriebene frische Ingwerwurzel

1 TL gemahlene Kurkuma

1 rote Chili, entkernt und fein gehackt

1 TL Chilipulver

- Für die Würzpaste alle Zutaten im Mixer zu einer Paste verarbeiten, ggf. etwas Wasser zugeben.

- Im Wok oder in der Pfanne beide Ölsorten erhitzen, die Würzpaste hineingeben und bei mittlerer Hitze unter Rühren 1–2 Minuten braten. Das Schweinefilet untermischen und bei hoher Temperatur weitere 8–10 Minuten braten.

- Zitronengras, Tamarindenpaste, Fischsauce und 200 ml heißes Wasser zugeben und gut umrühren. Das Ganze 3–4 Minuten weitergaren.

- Mit gehackten Korianderblättern garnieren und zu Reis servieren.

Pfannengerührtes Schweinefilet mit Zitronengras Im Wok oder in der Pfanne 2 EL Sonnenblumenöl erhitzen. 8 klein geschnittene Frühlingszwiebeln, 300 g in dünne Streifen geschnittenes Schweinefilet sowie 1 entkernte und gehackte rote Chili hinzufügen und auf höchster Stufe 3–4 Minuten unter Rühren braten. 1 EL Zitronengraspaste aus dem Asia-Handel und 4 EL Sojasauce zugeben und weitere 1–2 Minuten braten, bis das Fleisch gar ist. Sofort zu Nudeln oder Reis servieren.

Schweinekotelett mit Zitronengras Den Backofengrill auf mittlerer Stufe vorheizen. 1 EL Zitronengraspaste, 1 TL Ingwerpaste, 1 TL Knoblauchpaste, 1 TL Chilipaste und 1 TL Tamarindenpaste – alle Pasten im Asia-Handel erhältlich – verrühren. 2 TL flüssigen Honig unterrühren. Die Mischung auf 4 Koteletts (je ca. 200 g) streichen und diese unter dem Grill von jeder Seite 5–6 Minuten garen. Mit einem grünen Salat servieren.

Kalbsleber mit Curry und Salat

Für 4 Personen

2 kleine Kopfsalate

4 Pflaumentomaten, gewürfelt

1 Handvoll gehackte Korianderblätter

1 Handvoll gehackte Minzeblätter

450 g Kalbsleber, geputzt

1 EL mittelscharfes Currypulver

1 TL gemahlener Kreuzkümmel

1 TL gemahlener Koriander

1 TL zerdrückte Fenchelsamen

½ TL Chilipulver

1 TL gehackter Knoblauch

1 TL fein geriebene frische Ingwerwurzel

2 EL Weißweinessig

4 EL Sonnenblumenöl

Salz und frisch gemahlener Pfeffer

1 Prise Paprikapulver zum Garnieren

- Die Salatblätter grob zerkleinern und mit den Tomaten, dem Koriander und der Minze in eine Salatschüssel geben, gut vermischen und beiseitestellen.

- Die Leber in eine zweite Schüssel legen. Curry, Kreuzkümmel, Koriander, Fenchelsamen, Chilipulver, Knoblauch, Ingwer und Essig glatt rühren, mit Salz und Pfeffer würzen und über die Leber gießen.

- Das Sonnenblumenöl bei hoher Temperatur in einer Pfanne erhitzen. Die Leber darin portionsweise unter Rühren jeweils 3–4 Minuten scharf anbraten, sodass sie innen rosafarben bleibt. Die Leber in dicke Scheiben schneiden.

- Den Salat auf vier Tellern anrichten, mit den Leberscheiben belegen und mit Paprika bestreuen. Mit Zitronenspalten servieren.

Warmer Curry-Kalbsleber-Salat In einer Pfanne 2 EL Sonnenblumenöl erhitzen, 300 g in Scheiben geschnittene Kalbsleber zugeben und 2–3 Minuten scharf anbraten. In eine Salatschüssel geben. 1 TL gemahlenen Kreuzkümmel, ½ TL Chilipulver, 1 TL zerdrückte Fenchelsamen, 1 TL fein gehackten Knoblauch, je 1 Handvoll gehackte Minze- und Korianderblätter und die zerkleinerten Blätter von 2 kleinen Salatköpfen zugeben. Mit 2 EL Olivenöl und dem Saft von 1 Zitrone beträufeln, mit Salz abschmecken und gut vermischen. Dazu Brot reichen.

Curry-Kalbsleber mit karamellisierten Zwiebeln In einer Pfanne 2 EL Sonnenblumenöl erhitzen, 3 in dünne Scheiben geschnittene Zwiebeln zugeben und bei schwacher Hitze in 15–20 Minuten leicht karamellisieren. Würzen und beiseitestellen. 500 g geputzte Kalbsleber in mundgerechte Stücke schneiden und mit 2 EL mildem Currypulver bestäuben. Mit Salz würzen. Die Pfanne auswischen und 50 g Butter darin erhitzen, bis sie aufschäumt. Die Leber unter Rühren 40–50 Sekunden scharf anbraten. Die Zwiebeln zugeben und 1–2 Minuten erhitzen. Die Pfanne vom Herd ziehen, den Saft von 1 Zitrone und 1 Handvoll gehackte Korianderblätter unterrühren. Mit warmen, knusprigen Brötchen oder indischem Naanbrot servieren.

Marinierte Tandoori-Lammkoteletts

Für 4 Personen

8 Lammkoteletts

3 Knoblauchzehen, fein gerieben

1 TL fein geriebene frische Ingwerwurzel

Saft von 2 großen Zitronen

1 EL gemahlener Kreuzkümmel

3 EL Tandoori-Currypaste

250 g Naturjoghurt

Salz und frisch gemahlener Pfeffer

1 EL gehackte Minzeblätter zum
   Garnieren

- Den Backofengrill auf mittlerer Stufe vorheizen. Die Lammkoteletts nebeneinander in eine flache Schale legen. Die restlichen Zutaten verrühren und würzen. Zum Fleisch geben und gut verteilen. Zugedeckt 10 Minuten marinieren lassen.

- Das Fleisch auf einen leicht geölten Grillrost legen und unter dem Grill von jeder Seite 2–3 Minuten garen.

- Auf flachen Tellern anrichten, mit Minzeblättern bestreuen und mit Gurkensalat und kleinen indischen Naanbroten servieren.

Tandoori-Lamm-Wraps Den Backofengrill auf mittlerer Stufe vorheizen. 8 Lammkoteletts mit 3 EL Tandoori-Currypaste würzen und auf einen leicht geölten Grillrost legen. Unter dem Grill von jeder Seite 2–3 Minuten backen. 4 Wraps in einer Grillpfanne erhitzen. Dann mit Mayonnaise bestreichen. 2 in Scheiben geschnittene Tomaten, ½ in Scheiben geschnittene rote Zwiebel und ¼ Salatgurke in Scheiben auf die 4 Brote verteilen. Mit klein geschnittenem Lammfleisch belegen. Die Wraps aufrollen und sofort servieren.

Tandoori-Lammkrone Den Backofen auf 180 °C vorheizen. 3 EL Tandoori-Currypaste und 100 g Naturjoghurt verrühren. 2 Lammkronen mit jeweils 7–8 Koteletts mehrmals tief einschneiden und die Mischung in die Einschnitte geben. Die Lammkronen auf ein beschichtetes Backblech legen und im Backofen 15–20 Minuten garen. Mit Folie abdecken und bis zum Servieren noch einige Minuten im Ofen ruhen lassen.

Scharfe Ciabattas mit Steakfleisch und Rucola

Für 4 Personen

2 große Sirloin-Steaks aus dem flachen Roastbeef
1 EL Olivenöl
2 große Ciabattas
2 EL Chilisauce
100 g Knoblauchmayonnaise
1 Handvoll Rucolablätter
Salz und frisch gemahlener Pfeffer

- Den Backofen auf 200 °C vorheizen. Die Steaks würzen und mit dem Olivenöl bestreichen. In eine vorgeheizte heiße Grillpfanne legen und von jeder Seite 2–3 Minuten braten.

- In der Zwischenzeit die Ciabattas auf ein Backblech legen und im Backofen 4–5 Minuten erwärmen.

- Chilisauce und Knoblauchmayonnaise verrühren. Die Brote einmal durchschneiden. Die Hälften mit der Mayonnaise bestreichen und mit Rucolablättern belegen.

- Die Steaks in dünne Scheiben schneiden und auf die 4 Brothälften verteilen. Jedes Ciabattastück noch einmal durchschneiden und servieren.

Salat aus Steakfleisch, Kartoffeln und Rucola 400 g kleine neue Kartoffeln in reichlich Wasser 12–15 Minuten garen. In der Zwischenzeit 100 g Knoblauchmayonnaise, 1 EL scharfe Chilisauce, den Saft von 1 Zitrone, 200 g Naturjoghurt, 6 EL Schnittlauchröllchen und 6 EL fein gehackte Dillspitzen in einer Schüssel verrühren, würzen und beiseitestellen. 2 große Sirloin-Steaks in eine vorgeheizte Grillpfanne legen und 2–3 Minuten von jeder Seite scharf anbraten, dann in Streifen schneiden. Die Kartoffeln abgießen, halbieren und in eine große Salatschüssel geben. Mit 100 g Rucolablättern und den Fleischstreifen vermischen. Das Dressing unterziehen und servieren.

Scharfe Spaghetti bolognese In einer Pfanne 1 EL Olivenöl erhitzen. 1 gehackte Zwiebel, 3 gehackte Knoblauchzehen, 2 gehackte rote Chilis und 450 g in der Küchenmaschine püriertes Steakfleisch zugeben. Unter Rühren 1–2 Minuten braten, dann 400 g gehackte Tomaten und 200 ml Rinderbrühe hinzufügen. Würzen und aufkochen lassen. Bei mittlerer Hitze offen 20 Minuten köcheln lassen, ab und zu umrühren. 375 g Spaghetti in reichlich Salzwasser nach Packungsangabe al dente garen. Abgießen und auf vier Pastatellern anrichten. Die Sauce darübergeben und mit Rucolasalat servieren.

Lammkoteletts mit pikanten Kichererbsen und Spinat

Für 4 Personen

2 EL Olivenöl

8 Lammkoteletts (je 150 g)

800 g Kichererbsen aus der Dose, abgespült und abgetropft

2 rote Chilis, entkernt und fein gehackt

2 TL Kreuzkümmelsamen

1 TL zerdrückte Koriandersamen

100 g rote Paprika, in mundgerechte Stücke geschnitten

Saft und abgeriebene Schale von 1 unbehandelten Zitrone

400 g junge Spinatblätter

Salz und frisch gemahlener Pfeffer

1 Handvoll gehackte Korianderblätter zzgl. Koriander zum Garnieren

- In einer Pfanne 2 EL Olivenöl erhitzen. Die Koteletts ggf. portionsweise bei mittlerer Hitze von jeder Seite 2–3 Minuten braten und mit Salz und frisch gemahlenem Pfeffer würzen. Aus der Pfanne nehmen, mit Folie abdecken und warm halten.

- Die restlichen Zutaten in die Pfanne geben und das Ganze auf höchster Stufe 4–5 Minuten braten, bis der Spinat in sich zusammengefallen ist.

- Die Mischung auf vier vorgewärmte Teller verteilen und nach Geschmack würzen. Mit jeweils 2 Lammkoteletts bedecken und mit Koriander bestreut sofort servieren.

Kichererbsensalat mit Lamm und Spinat Den Backofengrill auf mittlerer Stufe vorheizen. 4 Lammsteaks (je 150 g) mit 1 EL Olivenöl bestreichen und mit Salz und frisch gemahlenem Pfeffer würzen. Unter dem Grill von jeder Seite je nach Geschmack etwa 2–3 Minuten garen. 100 g junge Spinatblätter, 2 gehackte Tomaten und 400 g abgespülte und abgetropfte Kichererbsen aus der Dose in eine große Salatschüssel geben. Das leicht abgekühlte Lamm in mundgerechte Stücke schneiden und hinzufügen. 150 ml Vinaigrette zugießen, 1 TL Currypulver sowie Salz und Pfeffer zugeben, alles gut vermischen und servieren.

Kichererbsenreis mit Lamm und Spinat Den Backofengrill auf mittlerer Stufe vorheizen. 4 Lammsteaks mit Olivenöl bestreichen und mit Salz und frisch gemahlenem Pfeffer würzen. Unter dem Grill von jeder Seite je nach Geschmack etwa 2–3 Minuten garen. 100 g junge Spinatblätter, 2 gehackte Tomaten und 400 g abgespülte und abgetropfte Kichererbsen aus der Dose in eine große Salatschüssel geben. Das Fleisch in Streifen schneiden. 1 EL Olivenöl in einer Pfanne erhitzen, die Kichererbsenmischung und 250 g gegarten Basmatireis unterrühren und bei großer Hitze 4–5 Minuten unter Rühren braten. Das Lamm und 100 ml Gemüsebrühe hinzufügen, 2–3 Minuten kochen lassen und servieren.

3 Erbsen-Paprika-Curry mit Schweinemett

Für 4 Personen

3 EL Sonnenblumenöl

2 TL Kreuzkümmelsamen

2 Zwiebeln, fein gehackt

1 EL fein geriebene frische Ingwerwurzel

1 EL geriebener Knoblauch

500 g Schweinemett

2 EL gemahlener Koriander

1 EL gemahlener Kreuzkümmel

1 EL Garam Masala

1 rote Paprika, fein gewürfelt

100 g Erbsen aus der Dose

2 reife Tomaten, fein gewürfelt

Saft von ½ Limette

Salz

1 EL gehackte Korianderblätter zum Garnieren

- Im Wok oder in der Pfanne 3 EL Sonnenblumenöl erhitzen und die Kreuzkümmelsamen bei mittlerer Hitze unter Rühren 1 Minute darin erhitzen, dann die Zwiebeln zugeben und 3–4 Minuten braten. Ingwer und Knoblauch unterrühren und 1 weitere Minute braten.

- Das Hackfleisch und die gemahlenen Gewürze zugeben, mit Salz würzen. Unter Rühren das Fleisch in 8–10 Minuten krümelig braten. Paprika, Erbsen und Tomaten zugeben und unter Rühren in 3–4 Minuten weich garen. Vom Herd nehmen und den Limettensaft einrühren.

- Mit gehackten Korianderblättern bestreuen und jeweils mit 1 Klecks Naturjoghurt servieren. Nach Belieben warme indische Paratha-Brote oder Chapatis dazureichen.

---

1 **Baguettes auf vietnamesische Art** Im Wok oder in der Pfanne 3 EL Sonnenblumenöl erhitzen und 2 TL Kreuzkümmelsamen bei mittlerer Hitze unter Rühren 1 Minute darin erhitzen, dann 2 gehackte Zwiebeln zugeben und 3–4 Minuten braten. 1 EL fein geriebene frische Ingwerwurzel und 1 EL geriebenen Knoblauch unterrühren und 1 weitere Minute braten. 500 g Schweinemett und 2 EL gemahlenen Koriander, 1 EL gemahlenen Kreuzkümmel und 1 EL Garam Masala zugeben, mit Salz würzen. Unter Rühren das Fleisch in 8–10 Minuten krümelig braten. 2 warme Baguettes halbieren und einmal längs durchschneiden. Die unteren Hälften mit der Hackmischung bestreichen, mit jeweils 1 in Scheiben geschnittenen Tomate belegen und mit frischen Minze- und Korianderblättern bestreuen. Die Deckel auflegen und servieren.

2 **Marinierte Schweinekoteletts** Den Backofengrill auf mittlerer Stufe vorheizen. 2 TL Ingwerpaste, 2 TL Knoblauchpaste aus dem Asia-Handel, 1 EL gemahlenen Koriander, 2 TL gemahlenen Kreuzkümmel, den Saft von 1 Limette und 2 EL Sonnenblumenöl verrühren, dann 4 Schweinekoteletts (je 200 g) damit bestreichen und würzen. Zugedeckt 5 Minuten marinieren lassen. Unter dem Grill 5–6 Minuten von jeder Seite garen und mit einem knackigen grünen Salat servieren.

3 Bohneneintopf mit Chorizo

Für 4 Personen

2 EL Olivenöl

200 g Schinkenspeckstreifen

500 g kleine spanische Chorizos

1 Zwiebel, fein gehackt

3 Dosen gehackte Tomaten mit Kräutern (je 400 g)

1 TL feiner Zucker

1 EL Paprikapulver edelsüß

2 Knoblauchzehen, zerdrückt

1 Karotte, geputzt und gewürfelt

1 Selleriestange, fein gewürfelt

1 Lorbeerblatt

1 Würfel Hühnerbrühe, zerkrümelt

2 Dosen gemischte Bohnen (je 400 g, z. B. Schwarzaugenbohnen und rote Kidneybohnen), abgespült und abgetropft

4 EL fein gehackte glatte Petersilienblätter zzgl. Petersilie zum Garnieren

Salz und frisch gemahlener Pfeffer

- In einem Topf 2 EL Olivenöl erhitzen, den Schinkenspeck und die Chorizos zugeben und bei großer Hitze in 3–4 Minuten goldbraun braten.

- Zwiebeln, Tomaten, Zucker, Paprika, Knoblauch, Karotte, Sellerie, Lorbeerblatt und den zerkrümelten Brühwürfel hinzufügen und bei mittlerer Hitze 15–20 Minuten offen köcheln lassen.

- Die Bohnen zugeben und aufkochen, 2–3 Minuten kochen lassen. Abschmecken und Petersilienblätter untermischen.

- In vorgewärmten Schalen anrichten, mit Petersilienblättern bestreut zu Brot servieren.

1 Bohnensuppe mit Chorizo

In einem Topf 2 EL Olivenöl erhitzen, 2 fein gehackte Zwiebeln zugeben und glasig dünsten. 2 kg klein geschnittene Tomaten und 2 EL Tomatenmark hinzufügen, kurz mitdünsten und salzen. 350 ml Wasser zugießen und die Mischung bei mittlerer Hitze 10–15 Minuten köcheln lassen. Die Tomatensuppe durch ein feines Sieb streichen und mit Salz, Pfeffer und Zucker abschmecken. In einer Pfanne 1 EL Olivenöl erhitzen, 200 g gewürfelte Chorizo zugeben und bei hoher Hitze 2–3 Minuten braten, dann 1 TL Paprikapulver edelsüß einrühren. Die Wurst zur Suppe geben, 1 Dose abgespülte Kidneybohnen (400 g) hinzufügen, aufkochen und bei mittlerer Hitze noch einmal 3–4 Minuten köcheln lassen. Mit Brot servieren.

2 Bohnen-Chorizo-Pfanne

In einer Pfanne 1 EL Olivenöl erhitzen, 500 g dünn geschnittene Chorizo zugeben und unter Rühren 4–5 Minuten braten. 1 gehackte Zwiebel, 2 gehackte Knoblauchzehen und 2 TL Paprikapulver edelsüß einrühren und weitere 4–5 Minuten garen, dann 2 Dosen (je 400 g) gemischte Bohnen zugeben. Abschmecken und heiß zu warmen Tortillas, Schmand und Guacamole (mexikanischer Avocado-Dip) servieren.

Bœuf Stroganoff mit Pfefferkörnern

Für 4 Personen

2 EL Butter

1 rote Zwiebel, in Scheiben geschnitten

250 g Champignons, halbiert

3 EL Tomatenmark

2 TL Dijon-Senf

1 EL rosafarbene Pfefferkörner in Lake, abgetropft

1 EL grüne Pfefferkörner in Lake, abgetropft

1 TL geräuchertes Paprikapulver

300 ml Rinderkraftbrühe

500 g Rinderfilet, in dünne Streifen geschnitten

200 g Schmand

Salz und frisch gemahlener Pfeffer

2 EL gehackte glatte Petersilienblätter zum Garnieren

- Eine Bratpfanne erhitzen und die Hälfte der Butter darin zerlassen. In der schäumenden Butter die roten Zwiebeln 2–3 Minuten weich braten. Die Pilze, Tomatenmark, Senf, beide Sorten Pfefferkörner und Paprika zugeben und unter Rühren 1–2 Minuten mitbraten. Mit Brühe ablöschen und aufkochen lassen. Bei schwacher Hitze 2 Minuten köcheln lassen.

- In der Zwischenzeit in einer zweiten Pfanne die restliche Butter erhitzen. Das Fleisch würzen. Sobald die Butter schäumt, das Fleisch zugeben und unter Rühren 2–3 Minuten braun anbraten.

- Den Schmand und das Rinderfilet zur Zwiebel-Pilz-Mischung geben und gut mischen, mit Salz und Pfeffer abschmecken.

- In vorgewärmten tiefen Tellern anrichten, mit Petersilienblätter bestreut zu Reis servieren.

Rindfleisch-Pilz-Pie
In einer Bratpfanne 1 EL Butter zerlassen und 1 rote in Scheiben geschnittene Zwiebel darin weich braten. 250 g Champignons, 3 EL Tomatenmark, 2 TL Dijon-Senf, je 1 EL rosafarbene und grüne Pfefferkörner und 1 TL geräuchertes Paprikapulver zugeben und unter Rühren 1–2 Minuten mitbraten. Mit 300 ml Rinderkraftbrühe ablöschen und aufkochen lassen. Bei schwacher Hitze 2 Minuten köcheln lassen. Den Backofengrill auf mittlerer Stufe vorheizen. In einer zweiten Pfanne 1 EL Butter zerlassen und 500 g in dünne Streifen geschnittenes gewürztes Rinderfilet in 2–3 Minuten darin braun braten. Das Fleisch und 200 g Schmand zur Zwiebel-Pilz-Mischung geben und mit Salz und Pfeffer abschmecken. Das Ganze in vier kleine Pieformen füllen. Jede Pie mit 200 g fertig zubereitetem Kartoffelpüree bestreichen und unter dem Grill 3–4 Minuten backen. Mit einem Salat servieren.

Rindfleischpilaw mit Pfefferkörnern In einem Topf 1 EL Butter und 1 EL Sonnenblumenöl erhitzen, 1 gehackte Zwiebel und 400 g Rinderhack zugeben und auf höchster Stufe unter Rühren 3–4 Minuten braten. Je 1 EL abgetropfte rosafarbene und grüne Pfefferkörner, 2 zerdrückte Knoblauchzehen, 4 EL Tomatenmark, 200 g kleine Champignons und 350 g Basmatireis zugeben. 800 ml Rinderkraftbrühe zugießen, würzen und aufkochen. Zugedeckt 15–20 Minuten köcheln lassen, bis der Reis gar ist. Vom Herd nehmen und vor dem Servieren einige Minuten ruhen lassen.

Scharfe Koftas mit Minzrelish

Für 4 Personen

600 g Rinderhack
1 rote Zwiebel, fein gehackt
2 Knoblauchzehen, zerdrückt
1 rote Chili, entkernt und fein gehackt
1 Handvoll gehackte Minzeblätter
1 Handvoll gehackte Korianderblätter
1 TL gemahlener Ingwer
1 TL mildes Chilipulver
1 TL gemahlener Kreuzkümmel
2 TL zerdrückte Koriandersamen
1 Ei, verquirlt
100 g frische Semmelbrösel
2 EL Sonnenblumenöl
Salz und frisch gemahlener Pfeffer

Für das Minzrelish
1 Zwiebel, fein gehackt
2 Tomaten, fein gehackt
½ Salatgurke, fein gewürfelt
150 g Naturjoghurt
4 EL gehackte Minzeblätter
2 EL Minzgelee
Saft von 1 Limette

- Für das Minzrelish alle Zutaten in einer Schüssel mischen, abdecken und bis zum Verzehr kalt stellen.

- Den Backofen auf 200 °C vorheizen. Das Hackfleisch sowie Zwiebeln, Knoblauch, Chili und Kräuter in eine Küchenmaschine geben und Ingwer, Chilipulver, Kreuzkümmel, Koriandersamen und das Ei zugeben. Gut würzen und zu einer glatten, homogenen Mischung verarbeiten.

- Aus der Mischung 16 Bällchen formen und diese in Semmelbröseln wälzen. Auf ein Backblech legen und mit Sonnenblumenöl beträufeln. Im Backofen 15–20 Minuten garen.

- Die Koftas auf Cocktailspieße stecken und mit dem Minzrelish und Limettenstücken servieren.

Fleischbällchen-Sandwiches 4 Ciabattabrötchen durchschneiden und die unteren Hälften mit Mayonnaise bestreichen. Mit etwas zerkleinertem Eisbergsalat und jeweils 100 g fertig gegarten Fleischbällchen belegen. Jeweils ½ EL Chiliketchup daraufgeben und die Deckel auflegen. Dazu Salat reichen.

Kofta-Curry 600 g Rinderhack, 1 EL Ingwerpaste und 1 EL Knoblauchpaste aus dem Asia-Handel sowie 1 entkernte und gehackte rote Chili und 1 EL mildes Currypulver in einen Mixer geben, würzen und vermischen. Aus der Mischung mundgerechte Bällchen formen. In einer Pfanne 2 EL Sonnenblumenöl erhitzen und die Fleischbällchen bei mittlerer Hitze 2–3 Minuten darin bräunen. 300 ml Rinderkraftbrühe zugießen, 1 EL milde Currypaste (Asia-Handel) einrühren und 200 ml Kokosmilch hinzufügen. Aufkochen, dann offen 8–10 Minuten köcheln lassen, bis die Koftas gar sind. Abschmecken und mit Reis servieren.

Würzige Chili-Hotdogs

Für 4 Personen

8 kleine, frische grobe Bratwürste

8 Hotdog-Brötchen

4 EL süße Chilisauce

8 EL Tomatenketchup

2 TL scharfe Chilisauce

4 EL Hoisinsauce (Asia-Handel)

2 EL flüssiger Honig

2 TL Dijon-Senf

- Den Backofen auf 200 °C vorheizen. Die Würste in eine Bratform legen. Die restlichen Zutaten verrühren, über die Wurst gießen und gut mischen.

- Im Backofen in 20–25 Minuten knusprig garen.

- Zum Servieren jeweils ein Salatblatt in die aufgeschnittenen Hotdog-Brötchen legen und die Würste im Brötchen servieren.

Wurstsalat mit Chili
400 g kleine Cocktail-würste der Länge nach durchschneiden und in eine große Salatschüssel legen. 1 entkernte und fein gehackte rote Chili, 2 in Scheiben geschnittene Tomaten, 1 in Scheiben geschnittene Salatgurke und 100 g gemischte Salatblätter zugeben. 150 g fertiges Joghurtdressing hinzufügen, würzen und alles gut vermischen. Mit warmen Brötchen servieren.

Bohnen-Wurst-Eintopf In einem Topf 2 EL Sonnenblumenöl erhitzen, 8 frische grobe Bratwürste und 1 gehackte Zwiebel sowie 1 TL Ingwerpaste, 1 TL Knoblauchpaste und 1 TL Chilipaste aus dem Asia-Handel zugeben und bei großer Hitze 3–4 Minuten braten, bis die Wurst eine schöne braune Kruste hat. 3 Dosen gebackene Bohnen (je 400 g) und 2 EL Tomatenmark einrühren und

aufkochen lassen. Zugedeckt bei schwacher Hitze 8–10 Minuten köcheln lassen. Abschmecken und 1 Handvoll gehackte glatte Petersilienblätter einrühren. Mit Backkartoffeln servieren.

Lamm-Kräuter-Kebabs

Für 4 Personen

4 Knoblauchzehen, zerdrückt

3 rote Chilis, entkernt und gehackt

1 EL gemahlener Koriander

2 EL gemahlener Kreuzkümmel

Je ¼ rote und gelbe Paprika, fein gewürfelt

½ kleine Zwiebel, fein gehackt

1 EL gehackte Minzeblätter

1 EL gehackte glatte Petersilienblätter

600 g Lammhackfleisch (frisch vom Metzger)

4 EL Naturjoghurt

1 EL Olivenöl zum Bestreichen

Sumach (Würzpulver aus der türkischen Küche) zum Bestreuen

¼ Eisbergsalat, zerkleinert

2 Pflaumentomaten, in dünne Scheiben geschnitten

¼ Salatgurke, halbiert, in Scheiben geschnitten

½ rote Zwiebel, in dünne Scheiben geschnitten

Saft von 2 Limetten

Salz und frisch gemahlener Pfeffer

- Für die Kebabs Knoblauch, Chilis, gemahlene Gewürze, Paprika, Zwiebeln, Minzeblätter, Petersilienblätter und das Hackfleisch in eine Rührschüssel geben und gut würzen. Die Zutaten mit den Händen zu einer Mischung verarbeiten und diese zugedeckt 10 Minuten ruhen lassen. In der Zwischenzeit den Backofengrill auf mittlerer Stufe vorheizen.

- Die Mischung in zwölf gleichmäßige Portionen teilen. Jede Portion um einen Metallspieß zu einer Wurst formen und auf einen Grillrost legen. Mit Olivenöl bestreichen und mit etwas Sumach bestreuen. Unter dem Grill die Kebabs von jeder Seite 4–5 Minuten garen.

- Für den Salat Eisbergblätter, Tomaten, Salatgurke, rote Zwiebeln und Limettensaft in eine Schüssel geben, würzen und mischen.

- Die Kebabs mit Salat und Limettenstückchen servieren.

Lamm aus dem Wok

In einem Wok 2 EL Olivenöl erhitzen, 1 gehackte Zwiebel, 2 entkernte, gehackte rote Chilis, 2 TL gemahlenen Kreuzkümmel, 1 TL Zimt und 600 g fein geschnittenes Lammfleisch zugeben und auf hoher Temperatur in 6–8 Minuten bräunen. Je 4 EL gehackte Korianderblätter und Minzeblätter unterrühren und sofort zu Brot servieren.

Pikanter Lammpilaw

In einem Topf 2 EL Olivenöl erhitzen und 1 gehackte Zwiebel, 1 gehackte Knoblauchzehe, 3 entkernte und klein geschnittene Chilis, 1 EL gemahlenen Koriander, 2 TL gemahlenen Kreuzkümmel und 1 Zimtstange hinzufügen. 2–3 Minuten braten, bis die Zwiebeln weich sind. 500 g Lammhackfleisch (frisch vom Metzger) bei großer Hitze 1–2 Minuten braun braten. 450 g Basmatireis unterrühren und 800 ml Gemüsebrühe sowie 1 gewürfelte rote Paprika zugeben. Aufkochen und zugedeckt bei schwacher Hitze 15–20 Minuten sanft köcheln lassen, bis der Reis gar ist. Den Topf vom Herd nehmen und jeweils 4 EL gehackte Korianderblätter und Minzeblätter untermischen. Mit einem Klecks Joghurt servieren.

Eierpfanne mit Merguez

Für 4 Personen

2 EL Olivenöl

1 Zwiebel, fein gehackt

1 rote Chili, entkernt und fein gehackt

1 Knoblauchzehe, zerdrückt

300 g Merguez (grobe scharf gewürzte marokkanische Bratwurstspeziali-
tät), grob gehackt

1 TL getrockneter Oregano

400 g Kirschtomaten, halbiert

100 ml Kräuter-Passata (passierte
Tomaten mit Kräutern)

200 g Paprika, in mundgerechte
Stücke geschnitten

4 Eier

Salz und frisch gemahlener Pfeffer

4 EL fein gehackte Korianderblätter
zum Garnieren

- In einer Pfanne 2 EL Olivenöl erhitzen und Zwiebeln, Chili, Knoblauch, die Wurst und den Oregano etwa 5 Minuten darin braten, bis
die Zwiebeln weich sind. Tomaten, Passata und Paprika hinzufügen
und weitere 5 Minuten braten. Ist das Ganze zu trocken, einen
Schuss Wasser zugeben.

- Gut würzen, dann in die Mischung vier Vertiefungen drücken. Jeweils ein Ei hineingleiten lassen und den Deckel auf die Pfanne
legen. Die Eier in etwa 5 Minuten stocken lassen.

- Auf vier flachen Tellern anrichten (jeweils mit einem Ei), mit Korianderblättern bestreut sofort servieren.

**Würziges Rührei mit
Merguez** In einer Pfan-
ne 2 EL Butter erhitzen, bis sie
schäumt. 200 g in dünne Scheiben
geschnittene Merguez (grobe scharf
gewürzte marokkanische Bratwurst-
spezialität) zugeben und bei großer
Hitze 3–4 Minuten braten. 6 Eier in
einen Rührbecher geben. 1 TL Knob-
lauchsalz, 1 gehackte rote Chili und
1 TL gerebelten Oregano unterrühren, dann die Eiermischung in die
Pfanne geben. Mit der Wurst vermischen und nach Geschmack braten.
Mit knusprigem Brot servieren.

**Tortilla mit Merguez
und Tomaten** Den
Backofengrill auf mittlerer Stufe
vorheizen. In einer ofenfesten Pfanne 2 EL Sonnenblumenöl erhitzen,
1 gehackte Zwiebel, 200 g grob
zerkleinerte Merguez (grobe scharf
gewürzte marokkanische Bratwurst-
spezialität), 1 entkernte und gehackte rote Chili und 1 gehackte Knoblauchzehe zugeben und bei mittlerer
Hitze 3–4 Minuten braten. 2 gehackte Tomaten hinzufügen und das
Ganze weitere 3–4 Minuten braten.
6 Eier in einer Schüssel verrühren,
würzen und in die Pfanne gießen.
Bei mittlerer Hitze in 10–12 Minuten
stocken lassen, dann die Pfanne
unter dem Grill in 4–5 Minuten fertig
garen. Die Tortilla in Stücke schneiden und servieren.

Roastbeef-Enchilada-Wraps

Für 4 Personen

8 Maistortillas

8 EL scharfe Chilisauce

8 EL Schmand

¼ Eisbergsalat, mundgerecht zerkleinert

400 g Roastbeef-Aufschnitt (dicke
Scheiben)

8 EL grüne Jalapeño-Chilis aus dem
Glas, abgetropft, in Scheiben geschnitten

8 EL scharfe Salsa aus dem Glas

Salz und frisch gemahlener Pfeffer

Für die Guacamole

2 reife Avocados

Saft von 1 Limette

1 kleine Zwiebel, fein gehackt

1 Knoblauchzehe, zerdrückt

Salz und frisch gemahlener Pfeffer

- Für die Guacamole die Avocados schälen, vom Kern lösen und mit der Gabel zu einer feinen Paste zerdrücken. Das Mus mit den Zwiebeln, dem Knoblauch und dem Limettensaft vermischen. Mit Salz und Pfeffer würzen.

- In eine vorgeheizte Pfanne 1 Tortilla legen und nach Packungsanleitung erhitzen. Herausnehmen und warm halten. Mit den übrigen Tortillas genauso verfahren.

- Die Tortillas auf eine Arbeitsfläche legen und jeweils mit 1 EL Chilisauce, Guacamole und Schmand bestreichen. Den Salat auf die 8 Tortillas verteilen. Mit Roastbeef belegen und jeweils 1 EL grüne Jalapeño-Chilis und Salsa hinzufügen. Gut mit Salz und Pfeffer würzen.

- Die gefüllten Tortillas aufrollen und sofort mit Guacamole und Schmand servieren.

Pikante Enchilada-Reispfanne In einer Pfanne 2 EL Sonnenblumenöl erhitzen, 400 g Rinderhack zugeben und auf höchster Stufe unter Rühren in 6–8 Minuten krümelig braten. 1 Glas Enchilada-Sauce (375 g) unterrühren und 2–3 Minuten kochen lassen. 500 g gegarten Langkornreis einrühren und 3–4 Minuten erhitzen. Würzen und sofort servieren.

Würzige Rinderhack-Enchiladas Den Backofengrill auf mittlerer Stufe vorheizen. In einer Pfanne 2 EL Sonnenblumenöl erhitzen, 1 gehackte Zwiebel und 400 g Rinderhack bei großer Hitze 4–5 Minuten braun anbraten. 200 g Enchilada-Sauce aus dem Glas auf dem Boden einer Auflaufform verstreichen. Das Fleisch auf 8 Tortillas verteilen und mit 300 g grünen Jalapeño-Chilis aus dem Glas (in Scheiben) bestreuen. Die Tortillas aufrollen und mit der Nahtseite nach unten nebeneinander in die Form legen. 200 g Enchilada-Sauce aus dem Glas darauf verstreichen und mit 400 g geriebenem Cheddar bestreuen. Unter dem Grill 8–10 Minuten backen. Mit einem grünen Salat servieren.

Spinat-Eier-Salat mit Chorizo und Croûtons

Für 4 Personen

1 EL Sonnenblumenöl

4 Eier

200 g Chorizo, dick geschnitten

4 Handvoll junge Spinatblätter

Salz und frisch gemahlener Pfeffer

Für das Dressing

4 EL extra natives Olivenöl

2 EL Rotweinessig

2 TL grobkörniger Senf

Für die Croûtons

½ Ciabatta, in mundgerechte Würfel
  geschnitten

2 EL Olivenöl

1 EL geräuchertes Paprikapulver

- Den Backofen auf 200 °C vorheizen. Für das Dressing die Zutaten in einer kleinen Schüssel verrühren und beiseitestellen.

- Für die Croûtons die Ciabattawürfel in eine Schüssel geben, mit Olivenöl mischen und mit Paprika bestreuen. Auf ein Backblech legen und im Backofen in 10 Minuten goldgelb backen.

- In einer Pfanne das Sonnenblumenöl erhitzen, die Eier nach Geschmack darin braten, herausnehmen und warm halten. Die Chorizo in einer zweiten Pfanne bei mittlerer Hitze 3–4 Minuten ohne Fettzugabe knusprig braten.

- Die Chorizo und den Spinat in eine große Schüssel geben, mit etwas Dressing beträufeln und die Zutaten mischen. Auf vier Salattellern anrichten, jeweils ein Viertel der Croûtons zugeben und jeweils ein Ei. Mit dem restlichen Dressing beträufeln, würzen und sofort servieren.

Gebratener Reis mit Ei, Chorizo und Spinat

200 g Spinatblätter in einen Topf geben, mit kochendem Wasser bedecken und 2 Minuten stehen lassen. Abgießen und den Spinat hacken. Im Wok 2 EL Sonnenblumenöl erhitzen und 400 g gewürfelte Chorizo unter Rühren 2–3 Minuten darin braten. 500 g vorgegarten Reis, 2 verquirlte Eier und den Spinat zugeben und weitere 2–3 Minuten braten. Sofort servieren.

Chorizo-Spinat-Frittata 200 g Spinatblätter in einen Topf geben, mit kochendem Wasser bedecken und 2 Minuten stehen lassen. Abgießen und den Spinat hacken. Den Backofengrill auf mittlerer Stufe vorheizen. In einer Pfanne 2 EL Sonnenblumenöl erhitzen, 2 fein gehackte Zwiebeln bei mittlerer Hitze in 8–10 Minuten weich dünsten. 2 entkernte und gehackte rote Chilis und 200 g grob zerkleinerte Chorizo zugeben und weitere 3–4 Minuten braten. Dann den Spinat unterrühren. 6 Eier verquirlen, würzen und in die Pfanne geben. Bei mittlerer Hitze 8–10 Minuten stocken lassen. Unter dem Grill in weiteren 4 Minuten fest werden lassen. In Scheiben geschnitten mit Salat servieren.

30 Schinken-Erbsen-Risotto

Für 4 Personen

1 EL Olivenöl
2 EL Butter
1 Zwiebel, gehackt
1 TL getrocknete rote Chiliflocken
1 rote Chili, entkernt und fein gehackt
2 Knoblauchzehen, zerdrückt
250 g Risottoreis, z. B. Vialone Nano,
  Carnaroli oder Arborio
900 ml Hühnerbrühe
200 g Erbsen aus der Dose
100 g geriebener Parmesan
300 g gekochter Schinken, gewürfelt
4 EL fein gehackte glatte Petersilienblätter
Salz und frisch gemahlener Pfeffer

- In einem Topf das Olivenöl und die Butter erhitzen, Zwiebeln, Chili-flocken, rote Chili und Knoblauch zugeben und bei mittlerer Hitze in 3–4 Minuten weich dünsten.

- Den Reis einrühren, bis die Körner mit dem Fett überzogen sind. 500 ml von der Brühe zugießen und so lange unter gelegentlichem Rühren kochen lassen, bis die Flüssigkeit vollständig absorbiert wurde, dann die restliche Brühe und die Erbsen zugeben. Weiter kochen lassen, bis der Reis die Flüssigkeit aufgenommen hat und gar ist.

- Zunächst den Parmesan, dann den Schinken und die Petersilien-blätter einrühren, nach Geschmack würzen und sofort servieren.

1 **Nudeln mit Erbsen und Schinken** Im Wok oder in der Pfanne 2 EL Sonnenblu-menöl erhitzen. 400 g in Streifen geschnittenen gekochten Schinken, 1 Dose Erbsen (400 g) und 120 g scharfe Szechuan-Tomatensauce (Tetrapack) hinzufügen. 2–3 Minuten erhitzen. 400 g vorgegarte Nudeln unterrühren und noch einmal erhit-zen. Sofort servieren.

2 **Schinken-Erbsen-Tortilla** Den Backofen-grill auf mittlerer Stufe vorheizen. In einer ofenfesten Pfanne 2 EL Son-nenblumenöl erhitzen. 1 gehackte Zwiebel, 2 entkernte und fein ge-hackte rote Chilis, 3 gehackte Knob-lauchzehen und 1 TL geräuchertes Paprikapulver zugeben und bei großer Hitze 2–3 Minuten braten. 400 g gewürfelten gekochten Schin-ken und 300 g Erbsen aus der Dose unterrühren. Das Ganze 1–2 Minuten köcheln lassen. 6 Eier in einer Schüssel verquirlen, gut würzen und in die Pfanne geben. Bei mittlerer Hitze in 6–8 Minuten stocken lassen. Unter dem Grill in 4–5 Minuten fest werden lassen und mit einem knacki-gen grünen Salat servieren.

Tomatenpenne mit Wurst

Für 4 Personen

1 EL Olivenöl

8 frische grobe Bratwürste

1 rote Chili, entkernt und fein gehackt

4 Knoblauchzehen, fein gehackt

1 Zwiebel, fein gehackt

1 TL getrocknete rote Chiliflocken

1 Dose gehackte Tomaten mit Kräutern (400 g)

1 TL feiner Zucker

2 TL gehackte Rosmarinnadeln

500 g Penne

Salz und frisch gemahlener Pfeffer

4 EL fein gehackte glatte Petersilienblätter zum Garnieren

• In einer Pfanne 1 EL Olivenöl erhitzen und die Würste bei großer Hitze 6–8 Minuten darin braun anbraten. In 2 cm dicke Stücke schneiden und wieder in die Pfanne geben. Chili, Knoblauch, Zwiebeln und Chiliflocken hinzufügen und weitere 3–4 Minuten braten.

• Tomaten, Zucker und Rosmarin einrühren und aufkochen lassen. Bei mittlerer Hitze 8–10 Minuten köcheln lassen.

• In der Zwischenzeit die Nudeln in reichlich Salzwasser nach Packungsangabe al dente garen. Abgießen, dann zur Wurst in die Pfanne geben, würzen und gut vermischen.

• Auf vorgewärmten Tellern anrichten, mit gehackten Petersilienblättern und geriebenem Parmesan bestreut servieren.

Wurst-Tomaten-Salat 400 g kleine Cocktailwürstchen, 100 g gemischter Salat und 200 g halbierte Kirschtomaten in eine Salatschüssel geben. 8 EL Olivenöl, 3 EL Rotweinessig, 1 zerdrückte Knoblauchzehe, 2 TL mittelscharfen Senf, Salz, Pfeffer, 1 EL gehackte Basilikumblätter und 1 EL Chilisauce verrühren. Das Dressing unter die Salatzutaten mischen und würzen. Mit knusprigen Brötchen servieren.

Wurst-Tomaten-Auflauf Den Backofen auf 200 °C vorheizen. In einer Pfanne 2 EL Sonnenblumenöl erhitzen, 8 frische grobe Bratwürste bei hoher Temperatur 4–5 Minuten darin anbraten. 1 gehackte Zwiebel, 3 gehackte Knoblauchzehen, 2 entkernte und gehackte rote Chilis hinzufügen und weitere 2–3 Minuten braten. In eine flache Auflaufform geben und 1 Dose gehackte Tomaten (400 g), 1 TL feinen Zucker und 1 TL getrocknete Chiliflocken unterrühren. Mit Salz und frisch gemahlenem Pfeffer würzen. Im Backofen 20–25 Minuten garen. Mit fein gehackten glatten Petersilienblättern bestreut zu Brot servieren.

3 Lamm-Gemüse-Eintopf

Für 4 Personen

1 EL Sonnenblumenöl

600 g Lammfilet, in 2 cm große Würfel
geschnitten

1 Zwiebel, gehackt

1 Knoblauchzehe, zerdrückt

1 TL fein geriebene frische Ingwerwurzel

2 EL mittelscharfe Currypaste

1 große Kartoffel, geschält und in
2 cm große Würfel geschnitten

1 große Karotte, geputzt und in 2 cm
große Würfel geschnitten

400 ml Fleischbrühe

200 ml Kokosmilch

200 g Erbsen aus der Dose

1 Handvoll gehackte Korianderblätter
zum Garnieren

• In einem Topf 1 EL Sonnenblumenöl erhitzen und das Lamm, die Zwiebeln, Knoblauch und Ingwer auf hoher Stufe unter Rühren 3–4 Minuten darin scharf anbraten, bis die Zwiebeln weich sind. Bei mittlerer Hitze die Currypaste einrühren und 1–2 Minuten unter Rühren mitbraten.

• Die Kartoffelstücke, die Karotte, Brühe und Kokosmilch hinzufügen und aufkochen lassen. Das Ganze offen 15–20 Minuten köcheln lassen, bis das Lamm und das Gemüse gar sind. Die Erbsen 3 Minuten vor Ende der Garzeit zugeben.

• In vorgewärmten tiefen Tellern anrichten und mit gehackten Korianderblättern bestreut servieren. Dazu Reis reichen.

---

1 **Gegrillte Lammkoteletts** Den Backofengrill auf mittlerer Stufe vorheizen. 2 EL mittelscharfe Currypaste mit 6 EL Naturjoghurt verrühren. Die Mischung auf 12 Lammkoteletts streichen und mit Salz und frisch gemahlenem Pfeffer würzen. Das Fleisch unter dem Grill von jeder Seite 2–3 Minuten garen. Dazu schmeckt warmes Fladenbrot und ein Salat.

2 **Lamm-Gemüse-Curry** Im Wok oder in der Pfanne 2 EL Sonnenblumenöl erhitzen, 1 gehackte Zwiebel, 2 gehackte Knoblauchzehen und 1 TL fein geriebene frische Ingwerwurzel zugeben und unter Rühren bei großer Hitze 1–2 Minuten braten. 600 g fein geschnittenes Lammfleisch, 1 große in 1 cm große Würfel geschnittene geschälte Kartoffel und 1 große in dicke Scheiben geschnittene Karotte zugeben und unter Rühren 1–2 Minuten braten. 200 ml Kokosmilch zugießen und offen bei mittlerer Hitze 10–12 Minuten köcheln lassen. Abschmecken und sofort mit Reis oder Brot servieren.

30 Bauchfleisch mit Gemüsenudeln

Für 4 Personen

1 kg durchwachsenes Bauchfleisch in Scheiben (ca. 1 cm dick)

2 EL Chilisauce

2 EL Austernsauce (Asia-Handel)

6 EL Hoisinsauce (Asia-Handel)

300 g asiatische Eiernudeln

200 g Zuckerschoten

2 Karotten, geputzt und in Stifte geschnitten

2 rote Chilis, entkernt und fein gehackt

2 TL fein geriebene frische Ingwerwurzel

2 EL geröstetes Sesamöl

1 EL fein gehackte Minzeblätter

- Den Backofen auf 240 °C vorheizen. Reichlich Wasser in einen großen Topf gießen und das Fleisch hineinlegen. Aufkochen und 1 Minute kochen lassen. Das Fleisch abgießen, mit Küchenpapier trocken tupfen und auf ein Backblech legen.

- Die gesamte Chilisauce und Austernsauce mit 4 EL der Hoisinsauce verrühren, über das Fleisch geben und dabei gut verteilen. Im Backofen 20 Minuten garen.

- In der Zwischenzeit die Nudeln nach Packungsangabe garen. 200 ml Wasser im Wok oder in der Pfanne aufkochen, Zuckerschoten, Karottenstifte, rote Chili und Ingwer zugeben und zugedeckt 2 Minuten kochen lassen. Sesamöl, die gegarten Nudeln und die restliche Hoisinsauce hinzufügen und das Ganze weitere 2 Minuten erhitzen, dann die Minzeblätter unterrühren.

- Die Nudeln in vier vorgewärmten Schalen anrichten und das Bauchfleisch auflegen.

1 Gegrilltes Schweinefleisch Den Backofengrill auf mittlerer Stufe vorheizen. 2 EL scharfe Chilisauce, 2 EL süße Chilisauce und 1 EL Hoisinsauce (Asia-Handel) verrühren, dann 4 dünne Schweineschnitzel gleichmäßig damit bestreichen. Die Schnitzel unter dem Grill von jeder Seite 3–4 Minuten garen. Mit Reis oder Nudeln servieren.

2 Gemüsenudeln mit Schweinefleisch aus dem Wok Den Backofengrill auf mittlerer Stufe vorheizen. 2 Schweinekoteletts (je 200 g) unter dem Grill von jeder Seite 5–6 Minuten garen, etwas abkühlen lassen, dann das Fleisch würfeln. Im Wok oder in der Pfanne 2 EL Sonnenblumenöl erhitzen, 8 klein geschnittene Frühlingszwiebeln, 4 gehackte Knoblauchzehen, 1 TL fein geriebene frische Ingwerwurzel sowie 1 entkernte und fein gehackte rote Chili und 1 fein gewürfelte rote Paprika zugeben und bei hoher Temperatur unter Rühren 1 Minute braten. 500 g vorgegarte Kräuterbandnudeln, 120 ml Hoisinsauce (Asia-Handel) und 1 EL Chilisauce hinzufügen und unter Rühren weitere 3–4 Minuten braten. Das gewürfelte Schweinefleisch zugeben und 2–3 Minuten weiterbraten. Sofort servieren.

Kalbsspieße mit süßem Chili-Dip

Für 4 Personen

400 g Kalbsfilet, in mundgerechte
Stücke geschnitten

8–10 Frühlingszwiebeln, in 2 cm
lange Stücke geschnitten

2 rote Paprika, in mundgerechte
Stücke geschnitten

8 EL süße Chilisauce

1 EL scharfe Chilisauce

Saft und fein abgeriebene Schale von
2 unbehandelten Limetten

4 EL Ketjap Manis (dickflüssige Sojasauce)

- Den Backofengrill auf mittlerer Stufe vorheizen. Die Kalbfleischstü-
cke im Wechsel mit Frühlingszwiebeln und Paprika auf 12 Metallspieße ziehen.

- Die restlichen Zutaten in einer kleinen Schüssel verrühren. Die Hälfte der Mischung in eine Servierschüssel füllen, mit der anderen
Hälfte die Spieße auf beiden Seiten gleichmäßig bestreichen. Zugedeckt 10 Minuten marinieren lassen.

- Unter dem Grill die Spieße von beiden Seiten 4–5 Minuten garen.

- Auf vier Tellern anrichten und die restliche Marinade zum Dippen
reichen.

Frühlingszwiebelreis mit Kalbshack Im Wok oder in der Pfanne 2 EL Sonnenblumenöl erhitzen, 500 g Kalbshack und 6 klein geschnittene Frühlingszwiebeln zugeben und unter Rühren auf höchster Stufe 1–2 Minuten anbraten. 500 g gegarten Reis unterrühren, dann 4 EL süße Chilisauce, 1 TL scharfe Chilisauce und 2 TL helle Sojasauce zugeben. Das Ganze 3–4 Minuten unter Rühren braten. Sofort servieren.

Pikante Nudeln mit Kalbshack und Chili Den Backofen auf 200 °C vorheizen. Im Wok oder in einer ofenfesten Pfanne 2 EL Sonnenblumenöl erhit-zen, 500 g Kalbshack zugeben und unter Rühren auf höchster Stufe 2–3 Minuten anbraten. 8 klein ge-schnittene Frühlingszwiebeln, 1 ent-kernte und fein gehackte rote Chili, 1 TL Ingwerpaste, 1 TL Knoblauch-paste aus dem Asia-Handel und 6 EL süße Chilisauce unterrühren

und weitere 3–4 Minuten unter Rüh-ren braten. 600 ml Gemüsebrühe und 500 g vorgegarte asiatische Eiernudeln zugeben. Im Backofen 15 Minuten schmoren, bis das Hack-fleisch gar ist. Abschmecken und sofort servieren.

Hackfleischsalat auf Thai-Art

Für 4 Personen

2 EL Sonnenblumenöl

6 Frühlingszwiebeln, klein geschnitten

2 Knoblauchzehen, fein gehackt

2 TL fein geriebene frische Ingwerwurzel

1 rote Chili, entkernt und fein gehackt

2 cm Zitronengras, fein gehackt

350 Schweinemett

3 EL Fischsauce

2 EL Reiswein

4 EL süße Chilisauce

Saft von 1 Limette

2 EL flüssiger Honig

100 g Glasnudeln

1 Handvoll gehackte Korianderblätter

1 Handvoll gehackte Minzeblätter

8–12 große Eisbergsalatblätter

- Im Wok oder in der Pfanne 2 EL Sonnenblumenöl erhitzen, Frühlingszwiebeln, Knoblauch, Ingwer, rote Chili und Zitronengras unter Rühren 30 Sekunden darin scharf anbraten. Das Schweinemett zugeben und in 4–5 Minuten krümelig braten.

- Fischsauce, Reiswein, Chilisauce, Limettensaft und Honig einrühren und das Ganze bei schwacher Hitze 2 Minuten köcheln lassen. Den Wok oder die Pfanne vom Herd ziehen.

- In der Zwischenzeit die Glasnudeln in eine hitzefeste Schüssel geben und mit kochendem Wasser übergießen. 3–4 Minuten darin einweichen, dann die Flüssigkeit abgießen und die Nudeln mit einer Küchenschere in kleinere Stücke schneiden.

- Die Nudeln in den Wok oder in die Pfanne geben und mit den übrigen Zutaten vermischen. Bei hoher Temperatur 3–4 Minuten erhitzen. Vom Herd nehmen und die Kräuter untermischen. Das Ganze auf Salatblättern anrichten und mit gehackten gerösteten Erdnüssen bestreut servieren.

Thai-Rührei mit Hackfleisch In einer großen Pfanne 2 EL Sonnenblumenöl erhitzen, 200 g Schweinemett und 1 EL rote Currypaste (Asia-Handel) zugeben und unter Rühren bei großer Hitze 1–2 Minuten braten. 6 verquirlte Eier zugießen und unter Rühren 2–3 Minuten weitergaren lassen. Sofort auf Toastbrot servieren.

Grüner Thai-Reis mit Hackfleisch In einem Topf 2 EL Sonnenblumenöl erhitzen, 6 klein geschnittene Frühlingszwiebeln, 2 gehackte Knoblauchzehen, 1 TL fein geriebene frische Ingwerwurzel, 1 entkernte und gehackte rote Chili, 2 cm fein gehacktes Zitronengras, 400 g Schweinemett und 1 EL grüne Currypaste (Asia-Handel) hineingeben und unter Rühren auf hoher Temperatur 1–2 Minuten braten. Zunächst 450 g Jasminreis, dann 600 ml Gemüsebrühe und 200 ml Kokosmilch unterrühren. Aufkochen und zugedeckt bei schwacher Hitze 15–20 Minuten sanft köcheln lassen, bis die Flüssigkeit vollständig aufgenommen ist. Vor dem Servieren einige Minuten ruhen lassen.

Indisches Rinderhackcurry mit schwarzen Bohnen

Für 4 Personen

3 EL Sonnenblumenöl

800 g Rinderhack

6 ganze Nelken

1 Zwiebel, fein gehackt

2 EL mittelscharfes Currypulver

2 Karotten, geputzt und in 1 cm große
Würfel geschnitten

2 Selleriestangen, gewürfelt

1 EL gehackte Thymianblätter

2 Knoblauchzehen, zerdrückt

4 EL Tomatenmark

600 ml Rinderkraftbrühe

1 große Kartoffel, geschält und in
1 cm große Würfel geschnitten

1 Dose schwarze Bohnen (400 g),
abgespült und abgetropft

1 Dose Vogelaugenbohnen (400 g),
abgespült und abgetropft

Salz und frisch gemahlener Pfeffer

- In einem Topf das Sonnenblumenöl erhitzen, das Hackfleisch zugeben und bei mittlerer Hitze 5–8 Minuten krümelig braten.

- Nelken, Zwiebeln und Currypulver einrühren und 2–3 Minuten braten, bis die Zwiebeln weich sind. Dann Karotten, Sellerie, Thymian, Knoblauch und Tomatenmark unterrühren.

- Die Rinderbrühe zugießen und gut umrühren, dann Kartoffeln und Bohnen in den Topf geben und aufkochen lassen. Bei schwacher Hitze das Ganze offen 20 Minuten köcheln lassen bzw. so lange, bis die Kartoffeln gar sind. Würzen.

- Auf vorgewärmten flachen Tellern anrichten und mit Zitronenspalten servieren.

 Rinderhack mit schwarzen Bohnen

Im Wok 2 EL Sonnenblumenöl erhitzen, 500 g Rinderhack und 1 EL Currypaste zugeben und unter Rühren bei hoher Hitze 3–4 Minuten braten. 100 ml Kokosmilch und 1 Dose abgespülte und abgetropfte schwarze Bohnen (400 g) hinzufügen und unter Rühren weitere 3–4 Minuten braten. Abschmecken und mit Nudeln servieren.

 Rindfleischpilaw mit schwarzen Bohnen

Im Wok oder in der Pfanne 2 EL Sonnenblumenöl erhitzen, 500 g Rinderhack und 1 EL Currypaste zugeben und bei hoher Temperatur 2–3 Minuten braten. 100 ml Kokosmilch einrühren und bei schwacher Hitze 6–8 Minuten köcheln lassen, bis das Fleisch gar ist. 500 g gegarten Langkorn- oder Basmatireis und 1 Dose abgespülte und abgetropfte schwarze Bohnen (400 g) unterrühren und 2–3 Minuten erhitzen. Abschmecken und sofort servieren.

 # Schweinekoteletts mit grünen Bohnen

Für 4 Personen

2 Knoblauchzehen, sehr fein gehackt

2 rote Chilis, entkernt und sehr fein gehackt

2 TL Fünf-Gewürze-Pulver

4 EL süße Chilisauce

2 EL dunkle Sojasauce

4 Schweinekoteletts (je 200 g)

300 g grüne Bohnen, geputzt

2 EL extra natives Olivenöl

fein abgeriebene Schale einer unbehandelten Zitrone

Saft von ½ Zitrone

Salz und frisch gemahlener Pfeffer

• Den Backofengrill auf mittlerer Stufe vorheizen. In einer kleinen Schüssel Knoblauch, Chilis, Fünf-Gewürze-Pulver, Chilisauce und Sojasauce verrühren, die Koteletts damit bestreichen und mit Salz und Pfeffer würzen. Zugedeckt 10 Minuten marinieren lassen.

• Die Koteletts auf ein mit Alufolie ausgelegtes Backblech geben und unter dem Grill von jeder Seite 5–6 Minuten garen.

• In der Zwischenzeit die Bohnen in leicht gesalzenem Wasser 3–4 Minuten kochen. Abgießen, mit dem Olivenöl, der Zitronenschale und dem Zitronensaft in eine Schüssel geben und gut mischen. Abschmecken und abgedeckt warm halten.

• Die Koteletts auf vier vorgewärmten Tellern anrichten. Die grünen Bohnen dazureichen.

 Filet-Gemüse-Pfanne Im Wok oder in der Pfanne 2 EL Sonnenblumenöl erhitzen, 400 g in dünne Streifen geschnittenes Schweinefilet unter Rühren 2–3 Minuten darin braten. 300 g blanchiertes Mischgemüse (nach Belieben) und 120 ml süße Chilisauce zugeben und das Ganze unter Rühren weitere 3–4 Minuten erhitzen. Sofort mit Reis und Nudeln servieren.

 Gemüsepilaw mit Schweinefilet In einem Topf 2 EL Sonnenblumenöl erhitzen. 1 gehackte Zwiebel, 2 entkernte und gehackte rote Chili, 2 TL fein geriebene frische Ingwerwurzel, 2 TL geriebenen Knoblauch und 1 TL Fünf-Gewürze-Pulver zugeben und bei mittlerer Hitze unter Rühren 3–4 Minuten braten, bis die Zwiebeln weich sind. Zunächst 500 g gewürfeltes Schweinefilet, dann 100 g Lang- kornreis hinzufügen und das Ganze weitere 2–3 Minuten braten. 1 l Hühnerbrühe zugießen, aufkochen und offen bei mittlerer Hitze 20 Minuten köcheln lassen, bis der Reis gar ist. 400 g blanchiertes Mischgemüse (nach Belieben) zugeben und 3–4 Minuten weiter garen lassen. Abschmecken und sofort servieren.

QuickHot & Spicy
Fisch & Meeresfrüchte

Rezepte nach Zubereitungszeit

3⊖

2⊖

10

Lachspäckchen mit Kräutern und Kokos

Für 4 Personen

frische Bananenblätter (nach Belieben)

4 dicke Lachsfilets (je 200 g) ohne Haut

Saft von 1 Limette zum Beträufeln

Für die Würzpaste

2 TL gemahlener Kreuzkümmel

2 TL gemahlener Koriander

1 ½ TL feiner Zucker

150 g Kokosmark, frisch gerieben

2 rote Chilis, entkernt und fein gehackt, zzgl. Chilis zum Garnieren

50 g Korianderblätter, gehackt

4 EL gehackte Minzeblätter

3 Knoblauchzehen, zerdrückt

1 TL fein geriebene frische Ingwerwurzel

Saft von 1 Limette

3 EL Sonnenblumenöl

Salz

- Den Backofen auf 200 °C vorheizen. Bei der Verwendung von Bananenblättern die Blätter in vier Quadrate (24 x 24 cm) schneiden, dann einige Sekunden in einen Topf mit sehr heißem Wasser tauchen, damit sie weich werden. Aus dem Topf nehmen und mit Küchenpapier trocken tupfen.

- Für die Würzpaste alle Zutaten in einen Mixer geben und zu einer glatten Mischung verarbeiten, anschließend würzen.

- Die Bananenblatt-Quadrate auf eine Arbeitsfläche legen. Beide Seiten der Fischfilets mit der Würzpaste bestreichen, dann mit Limettensaft beträufeln. Jeweils ein Stück Fisch auf ein Quadrat legen und das Ganze zu einem Päckchen verschließen, mit Holzspießchen feststecken oder mit Küchenzwirn zubinden. Alternativ die Filets in vier große Stücke Alufolie wickeln.

- Die Päckchen auf ein Backblech legen und im Backofen 15–20 Minuten backen.

- Die Päckchen auf vier Teller legen, auswickeln und mit gehacktem Chili bestreuen. Dazu Limettenstücke und Pilawreis reichen.

 **Würzlachs mit gemischtem Salat** 250 g Mischsalat (nach Belieben) in eine Schüssel geben. 500 g heiß geräuchertes Lachsfilet zerkleinern, ggf. die Gräten entfernen. Den Saft von 2 Limetten, 1 entkernte und gehackte Chili, 1 TL Honig, 1 TL gemahlenen Kreuzkümmel und 6 EL Olivenöl verrühren und würzen. Mit dem Salat mischen und servieren.

 Würziger Lachs mit Kräuterreis Im Wok oder in der Pfanne 2 EL Sonnenblumenöl erhitzen. 4 klein geschnittene Schalotten bei mittlerer Hitze in 10–12 Minuten darin weich dünsten. Auf hoher Temperatur 2 TL Kreuzkümmelsamen, 1 EL mildes Currypulver, 1 entkernte und gehackte rote Chili sowie 500 g gewürfeltes Lachsfilet ohne Haut zugeben und 2–3 Minuten unter Rühren braten, bis der Fisch fast gar ist. 500 g gegarten Basmatireis einrühren und das Ganze weitere 2–3 Minuten erhitzen. Abschmecken. Je 1 Handvoll gehackte Minzeblätter und gehackte Korianderblätter unterrühren und sofort servieren.

Spaghetti vongole mit Chili

Für 4 Personen

450 g Spaghetti

6 EL extra natives Olivenöl zzgl. Öl zum Beträufeln

2 Knoblauchzehen, gehackt

2 rote Chilis, entkernt und gehackt

4 Anchovisfilets in Öl, abgetropft und gehackt

1 Handvoll gehackte glatte Petersilienblätter

1 kg frische Venusmuscheln, gebürstet

100 ml trockener Weißwein

Salz und frisch gemahlener Pfeffer

- Die Spaghetti in reichlich Salzwasser nach Packungsangabe al dente garen. Abgießen und wieder in den Topf geben.

- In der Zwischenzeit in einem zweiten Topf das Olivenöl erhitzen und Knoblauch, Chilis, Anchovis und die Hälfte der Petersilienblätter einige Minuten darin braten. Die Muscheln zugeben (alle aussortieren, die beschädigt sind und sich nicht schließen, wenn man mit dem Finger dagegenklopft). Den Wein zugießen und zugedeckt bei hoher Temperatur 4–5 Minuten kochen lassen bzw. so lange, bis die Muscheln sich geöffnet haben. Geschlossene Muscheln aussortieren und wegwerfen.

- Die Muscheln mit dem Garsaft zu den Spaghetti geben. Die restlichen Petersilienblätter hinzufügen, würzen und die Zutaten gut mischen. In vorgewärmten tiefen Tellern anrichten, mit etwas Olivenöl beträufeln und sofort servieren.

Muschel-Chili-Reis Im Wok oder in der Pfanne 2 EL Sonnenblumenöl erhitzen und 2 entkernte und fein gehackte rote Chilis, 1 TL Knoblauchpaste (Asia-Handel), 280 g Venusmuscheln in Lake (abgespült) und 500 g gegarten Langkornreis zugeben und bei großer Hitze unter Rühren 3–4 Minuten braten. Würzen. 1 Handvoll gehackte glatte Petersilienblätter unterrühren und servieren.

Chili-Knoblauch-Muscheln In einem Topf 2 EL Olivenöl erhitzen. 4 gehackte Schalotten bei mittlerer Hitze in 6–8 Minuten unter Rühren darin weich dünsten. 2 zerdrückte Knoblauchzehen und 2 entkernte und fein gehackte rote Chilis unter Rühren 1–2 Minuten mitbraten. 2 EL Tomatenmark und 4 fein gehackte Pflaumentomaten einrühren und weitere 8–10 Minuten köcheln lassen. 500 ml Fischbrühe zugießen und 800 g frische gebürstete Venusmuscheln (alle aussortieren, die beschädigt sind und sich nicht schließen, wenn man mit dem Finger dagegenklopft) zugeben. Aufkochen und zugedeckt 4–5 Minuten köcheln lassen, bis sich alle Muscheln geöffnet haben. Geschlossene Muscheln aussortieren und wegwerfen. Abschmecken und in vorgewärmten Schalen servieren.

Curry-Muschelcremesuppe

Für 4 Personen

1 EL Butter

2 Schalotten, in dünne Scheiben geschnitten

2 Knoblauchzehen, zerdrückt

1 TL fein geriebene frische Ingwerwurzel

2 große rote Chilis, entkernt und fein gewürfelt

1 TL mittelscharfes Currypulver

1 Prise Safranfäden

100 ml trockener Weißwein

400 ml Gemüsebrühe

1 kg frische Muscheln, gebürstet, ohne Bart

200 g Sahne

6 EL fein gehackte Korianderblätter

Salz und frisch gemahlener Pfeffer

- In einem Topf die Butter erhitzen, Schalotten, Knoblauch, Ingwer, Chilis und Curry zugeben und unter Rühren bei hoher Temperatur 1 Minuten braten. Safran, Weißwein und Brühe hinzufügen und aufkochen. Bei mittlerer Temperatur 2 Minuten köcheln lassen.

- Die Muscheln in den Topf geben (alle aussortieren, die beschädigt sind und sich nicht schließen, wenn man mit dem Finger dagegenklopft). Zugedeckt bei großer Hitze 2–3 Minuten kochen, den Topf hin und wieder leicht rütteln. Die Muscheln mit einem Schaumlöffel herausnehmen, dabei alle geschlossenen Muscheln aussortieren und wegwerfen.

- Die Sahne in den Topf geben, unterrühren und aufkochen lassen. Bei schwacher Hitze offen 5–6 Minuten sanft köcheln lassen, dann die Muscheln wieder hinzufügen, die Korianderblätter einrühren und das Ganze mit Salz und Pfeffer würzen.

- In vorgewärmten tiefen Tellern anrichten. Dazu Brot reichen.

Omelett mit Muschelfleisch 8 Eier und 2 TL scharfes Currypulver verrühren, mit Salz würzen. In einer Pfanne 2 EL Butter erhitzen und die Hälfte der Eiermischung hineingeben. Die Pfanne leicht schwenken. Nach 1–2 Minuten 80 g geräuchertes Muschelfleisch in Öl (abgetropft) in die Mitte geben. Das Omelett zusammenklappen und weitere 1–2 Minuten erhitzen. Im Backofen warm halten, mit der restlichen Eiermischung und noch einmal 80 g Muschelfleisch ein zweites Omelett zubereiten. Beide halbieren und je eine Hälfte pro Person servieren.

Zartcremiger Muschelpilaw In einem Topf 1 EL Butter und 1 EL Sonnenblumenöl erhitzen, 4 klein geschnittene Schalotten zugeben und in 2–3 Minuten weich dünsten. 1 gute Prise Safranfäden, 1 EL Currypulver und 450 g Basmatireis einrühren und 1–2 Minuten unter Rühren erhitzen. Dann 350 g Muscheln ohne Schale (Kühlregal) hinzufügen und 650 ml Fischbrühe sowie 150 g Sahne unterrühren. Würzen und aufkochen lassen. Zugedeckt bei mittlerer Hitze 15–20 Minuten köcheln lassen, bis der Reis gar ist. Vor dem Servieren einige Minuten ruhen lassen.

30 Krebsküchlein mit Chili

Für 4 Personen

400 g frisches weißes Krebsfleisch

200 g rohe Tigergarnelen ohne Schale, grob gehackt

1 EL scharfe Currypaste

2 Knoblauchzehen, zerdrückt

1 rote Chili, entkernt und fein gehackt

1 rote Zwiebel, fein gehackt

4 EL gehackte Korianderblätter zzgl. Koriander zum Garnieren

1 kleines Ei, verquirlt

100 g frische Semmelbrösel

1 EL Sonnenblumenöl zum Bestreichen

Salz und frisch gemahlener Pfeffer

- Den Backofen auf 200 °C vorheizen. Krebsfleisch, Garnelen, Currypaste, Knoblauch, Chili, Zwiebeln, Korianderblätter, Ei und Semmelbrösel in eine Küchenmaschine geben und das Ganze gut würzen. Einige Sekunden vermischen. In eine Schüssel füllen und mit den Händen zu einem Teig kneten.

- Ein Backblech mit Backpapier auslegen und dieses dünn mit Sonnenblumenöl bestreichen. Mit leicht angefeuchteten Händen aus der Mischung 12 runde Küchlein formen, auf das Backblech legen, mit Sonnenblumenöl bestreichen und im Backofen etwa 15–20 Minuten garen.

- Auf vier Tellern anrichten. Dazu Zitronenspalten und einen knackigen grünen Salat reichen.

1 Warmer Reissalat mit Krebsfleisch

Einen Wok oder eine Pfanne erhitzen, 400 g gegarten Reis zugeben und bei großer Hitze unter Rühren 3–4 Minuten braten. Den Wok oder die Pfanne vom Herd nehmen. 400 g gegartes weißes Krebsfleisch, 1 Handvoll gehackte Korianderblätter und 1 Handvoll gehackte Minzeblätter einrühren. Das Ganze in eine große Schüssel füllen. 1 entkernte und gewürfelte rote Chili, 6 EL Olivenöl und den Saft von 2 Limetten untermischen und sofort servieren.

2 Chili-Nudeln mit Krebsfleisch

400 g Linguine nach Packungsangabe al dente garen. In einer Pfanne 3 EL Olivenöl erhitzen und 4 fein gehackte Knoblauchzehen und 1 entkernte und fein gehackte rote Chili bei schwacher Hitze in 4–5 Minuten darin weich dünsten. 400 g frisches weißes Krebsfleisch zugeben und weitere 2–3 Minuten erhitzen. Die Linguine abgießen, mit dem Krebsfleisch und 1 Handvoll gehackten Korianderblättern vermischen. Abschmecken und sofort servieren.

30 Schellfisch mit Tomaten und Tamarinde

Für 4 Personen

750 g Schellfischfilet ohne Haut, in
Stücke geschnitten

1 EL Tamarindenpaste (Asia-Handel)

4 EL Reisweinessig

2 EL Kreuzkümmelsamen

1 TL gemahlene Kurkuma

2 TL scharfes Currypulver

1 TL Salz

4 EL Sonnenblumenöl

1 Zwiebel, fein gehackt

3 Knoblauchzehen, fein gerieben

2 TL fein geriebene frische Ingwerwurzel

2 TL schwarze Senfsamen

2 Dosen gehackte Tomaten (je 400 g)

1 TL feiner Zucker

200 g Kirschtomaten

1 Handvoll gehackte Korianderblätter
zum Garnieren

- Den Fisch in eine flache Schüssel legen. Tamarinde, Essig, Kreuzkümmelsamen, Kurkuma, Curry und Salz mischen, auf dem Fisch
verteilen und zugedeckt marinieren lassen.

- In der Zwischenzeit im Wok oder in der Pfanne das Sonnenblumenöl erhitzen. Zwiebeln, Knoblauch, Ingwer und Senfsamen zugeben
und bei mittlerer Hitze unter Rühren 1–2 Minuten anbraten.

- Die gehackten Tomaten und den Zucker unterrühren und aufkochen
lassen. Zugedeckt bei mittlerer Temperatur unter gelegentlichem
Rühren 15–20 Minuten köcheln lassen.

- Die Kirschtomaten und den Fisch mit der Marinade zugeben und gut
mischen. Zugedeckt 5–6 Minuten kochen lassen, bis der Schellisch
gar ist.

- In vorgewärmten tiefen Tellern anrichten und mit Korianderblättern
bestreut servieren. Dazu Papadams (indische dünne Fladen aus
Linsenmehl) und Basmatireis servieren.

 **Gegrillte Schellfisch-
filets mit Tamarinde**
Den Backofengrill auf mittlerer Stufe
vorheizen. 1 TL Tamarindenpaste
aus dem Asia-Handel, 1 TL Tomatenmark, 1 EL scharfes Currypulver
und 2 EL Sonnenblumenöl verrühren, dann 4 Schellfischfilets ohne
Haut (je 150–160 g) damit bestreichen und mit Salz bestreuen. Unter
dem Grill 6–8 Minuten garen. Mit Salat oder Reis servieren.

 **Schellfisch mit
Kirschtomaten aus
dem Ofen** Den Backofen auf
220 °C vorheizen. 1 TL Tamarindenpaste aus dem Asia-Handel, 1 EL
scharfes Currypulver, 2 EL Sonnenblumenöl, 2 zerdrückte Knoblauchzehen und 1 TL fein geriebene frische
Ingwerwurzel verrühren. 4 Schellfischfilets (je 150–160 g) ohne Haut
damit bestreichen und mit Salz bestreuen. In eine Auflaufform legen

und 400 g halbierte Kirschtomaten
darauf verteilen. Im Backofen etwa
12– 15 Minuten garen. Mit Reis und
Salat servieren.

Rotzunge mit scharfer Salsa

Für 4 Personen

4 Rotzungenfilets (je 225 g) mit Haut
Salz und frisch gemahlener Pfeffer

Für die Salsa

1 reife Mango, fein gewürfelt
1 rote Paprika, fein gewürfelt
100 g Kirschtomaten, geviertelt
1 rote Zwiebel, fein gehackt
½ TL feiner Zucker
1 rote Chili, entkernt und fein gehackt
4 EL gehackte Korianderblätter zzgl.
   Korianderblätter zum Garnieren
2 EL Reisessig
Saft und abgeriebene Schale von
   1 unbehandelten Limette
1 TL Chiliöl
2 EL Olivenöl

- Für die Salsa alle Zutaten mischen und gut würzen.

- Die Fischfilets mit der Hautseite nach oben auf die Arbeitsfläche legen und längs halbieren. Jeweils etwas von der Salsa auf das Schwanzende geben und die Filets vorsichtig aufrollen. Würzen und in eine Pfanne legen. Zugedeckt bei schwacher Hitze 8–10 Minuten dünsten. Den Deckel abnehmen und weitere 3 Minuten garen.

- Den Fisch auf vier Tellern anrichten und mit Korianderblättern bestreuen. Mit der restlichen Salsa und Limettenstücken servieren. Dazu Basmatireis reichen.

Fisch-Salsa-Salat

Aus 1 fein gewürfelten Mango, 1 fein gewürfelten roten Paprika, 100 g geviertelten Kirschtomaten, 1 fein gehackten roten Zwiebel, ½ TL feinem Zucker, 1 fein gehackten roten Chili, 4 EL gehackten Korianderblättern, 2 EL Reisessig, dem Saft und der abgeriebenen Schale von 1 unbehandelten Limette sowie 1 TL Chiliöl und 2 EL Olivenöl eine Salsa zubereiten. Die zerkleinerten Blätter eines Romanasalats hinzufügen. 400 g heiß geräucherte Lachsfilets in große Stücke zupfen und zum Salat geben. Würzen.

Mexikanischer Fisch aus dem Ofen

Den Backofen auf 200 °C vorheizen. 4 dicke weiße Fischfilets ohne Haut (je 175 g) nebeneinander in eine Auflaufform legen und gut mit Salz und Pfeffer würzen. 3 fein gewürfelte Pflaumentomaten, 1 gehackte kleine rote Zwiebel, 2 gehackte entkernte rote Chilis, 2 gehackte Knoblauchzehen und 100 g gewürfeltes Mangofleisch in einer Schüssel vermischen. Den Saft und die abgeriebene Schale von 1 unbehandelten Limette, 2 EL Sonnenblumenöl und 1 TL Kreuzkümmelsamen unterrühren und gut würzen. Die Mischung gleichmäßig auf die Fischfilets streichen und diese im Backofen 20 Minuten garen. Sofort servieren.

30 Piri-Piri-Tintenfisch mit Minze und Koriander

Für 4 Personen

800 g Tintenfisch, gesäubert und ohne Tentakel

Saft und fein abgeriebene Schale von 1 unbehandelten Limette

1 TL gemahlener Kreuzkümmel

2 TL Piri-Piri-Gewürz (Chiligewürz aus dem Feinkosthandel)

1 rote Chili, entkernt und fein gehackt

1 TL Meersalz

1 Knoblauchzehe, zerdrückt

4 EL Olivenöl

½ Salatgurke, in dünne Scheiben gehobelt

1 Handvoll grob gehackte Minzeblätter

1 Handvoll grob gehackte Korianderblätter

- Eine Seite des Tintenfisches einschneiden und diesen flach auf einem Schneidbrett ausbreiten. Mit einem scharfen Messer das Fleisch im Inneren kreuzweise einritzen, damit es zarter wird. Das Fleisch in mundgerechte Stücke schneiden.

- Die Tintenfischstücke in eine flache Schüssel legen. Die Limettenschale, Kreuzkümmel, Piri-Piri-Gewürz, Chili, Meersalz, Knoblauch und Olivenöl verrühren und das Tintenfischfleisch damit einreiben. 10–15 Minuten marinieren lassen.

- Eine Grillpfanne auf höchster Stufe erhitzen. Den Tintentisch aus der Marinade nehmen, in die Pfanne geben und 2 Minuten von jeder Seite braten. Dabei den Fisch mit einem Pfannenheber herunterdrücken. Anschließend den Fisch in eine flache Schale legen.

- Die Gurke und die gehackten Kräuter zugeben und alle Zutaten gut mischen. Sofort servieren. Mit etwas Olivenöl beträufeln und Limettenstücke und Brot dazu reichen.

 1 Tintenfisch-Meeresfrüchte-Salat mit Piri-Piri 400 g frische Tintenfischringe 1–2 Minuten in heißem Sonnenblumenöl frittieren. 480 g aufgetaute und gegarte gemischte Meeresfrüchte mit dem Tintenfisch und 200 g Salatblättern mischen. 2 TL Piri-Piri-Gewürz mit 150 g Mayonnaise, 100 g Naturjoghurt, 3 EL Tomatenketchup und dem Saft von ½ Zitrone verrühren und mit Salz und Pfeffer würzen. Das Dressing über den Salat geben, mischen und sofort servieren.

 2 Knusprig gebratener Piri-Piri-Tintenfisch Einen großen Topf zu einem Viertel mit Sonnenblumenöl füllen und auf 180–190 °C erhitzen. 200 g Kichererbsenmehl, 2 TL Piri-Piri-Gewürz (Feinkosthandel) und 1 TL Meersalz mischen und etwas Wasser unterrühren (der Teig sollte wie Crème double aussehen). 600 g gesäuberten Tintenfisch ohne Tentakel in dicke Ringe schneiden und jeweils in den Teig tauchen. Die Ringe aus dem Teig nehmen und portionsweise 1–2 Minuten im heißen Sonnenblumenöl frittieren. Mit einem Schaumlöffel herausheben und auf Küchenpapier abtropfen lassen. Sofort servieren.

30 Garnelen-Lachs-Laksa

Für 4 Personen

1 EL Sonnenblumenöl

8 Frühlingszwiebeln, in dicke Scheiben geschnitten, zzgl. kleine Stücke zum Garnieren

3 Knoblauchzehen, fein gehackt

1 rote Chili, entkernt und fein gehackt, zzgl. Chili zum Garnieren

3 TL fein geriebene frische Ingwerwurzel

2 TL Zitronengraspaste (Asia-Handel)

2 EL Laksa-Currypaste (Asia-Handel)

400 ml Kokosmilch

400 ml Hühnerbrühe

500 g Lachsfilet ohne Haut, gewürfelt

12 gekochte Garnelen, ohne Schale und entdarmt, mit Schwänzen

1 Handvoll frische Bohnensprossen

2 EL gehackte Korianderblätter zzgl. Korianderblätter zum Garnieren

1 TL Fischsauce

1 EL helle Sojasauce

250 g Reisnudeln

¼ Salatgurke, in Stifte geschnitten

Salz und frisch gemahlener Pfeffer

- Im Wok oder in der Pfanne das Sonnenblumenöl erhitzen. Frühlingszwiebeln, Knoblauch, Chili, Ingwer, Zitronengraspaste und Currypaste zugeben und bei hoher Temperatur unter Rühren 2–3 Minuten braten. Die Kokosmilch und die Brühe zugießen und aufkochen. 4–5 Minuten sanft köcheln lassen.

- Den Lachs zugeben und aufkochen, dann bei schwacher Hitze das Ganze offen 5–7 Minuten köcheln lassen, bis der Fisch gar ist. Die Garnelen und die Bohnensprossen sowie Korianderblätter, Fisch- und Sojasauce zugeben und darin erhitzen. Abschmecken und warm halten.

- Die Nudeln nach Packungsanleitung kochen, abgießen und in vorgewärmten tiefen Tellern anrichten. Den Lachs und die Garnelen auf die Nudeln geben und mit der Laksabrühe übergießen. Mit Salatgurke, Frühlingszwiebeln, roter Chili und Korianderblättern bestreut sofort servieren.

 Laksa-Reis mit Lachs und Garnelen Im Wok 2 EL Sonnenblumenöl erhitzen, 500 g gegarten Reis und 1 EL Laksa-Currypaste (Asia-Handel) zugeben und auf hoher Stufe unter Rühren 3–4 Minuten braten. 400 g heiß geräucherten Lachs in kleinen Stücken und 400 g gegarte Garnelen ohne Schale zugeben. Erhitzen und sofort servieren.

 Laksa-Omelett mit Lachs und Garnelen Den Backofengrill auf mittlerer Stufe vorheizen. In einer feuerfesten Pfanne 2 EL Sonnenblumenöl erhitzen. 6 klein geschnittene Frühlingszwiebeln und 1 entkernte und gehackte rote Chili zugeben und unter Rühren 1–2 Minuten darin braten. In der Zwischenzeit 6 Eier, 1 EL Laksa-Currypaste (Asia-Handel) und 1 Handvoll fein gehackte Korianderblätter verrühren. Mit 300 g heiß geräuchertem Lachs in kleinen Stücken und 400 g gegarten Tigergarnelen ohne Schale in die Pfanne geben. Bei mittlerer Hitze 10–12 Minuten garen, dann unter dem Grill in 3–4 Minuten fest werden lassen. Mit einem knackigen Salat servieren.

Seeteufel mit Paprikaeintopf

Für 4 Personen

2 EL Sonnenblumenöl

2 Zwiebeln, fein gehackt

2 EL mittelscharfes oder scharfes
Currypulver

1 TL gemahlene Kurkuma

900 g Seeteufelschwanz, in mundgerechte Stücke geschnitten

2 Knoblauchzehen, gehackt

1 TL fein geriebene frische Ingwerwurzel

½ TL Tamarindenpaste (Asia-Handel)

1 EL Thymianblätter

1 Sternanis

450 ml Fischbrühe

je 1 rote und gelbe Paprika, in 3 cm
große Stücke geschnitten

- In einem Topf das Sonnenblumenöl erhitzen. Die Zwiebeln unter gelegentlichem Rühren in 2–3 Minuten darin weich garen. Currypulver und Kurkuma einrühren und 1 weitere Minute braten.

- Die restlichen Zutaten unterrühren. Köcheln lassen, dann bei sehr schwacher Hitze offen 8–10 Minuten ziehen lassen, bis der Fisch gar ist und die Paprika weich gedünstet sind.

- In vorgewärmten tiefen Tellern anrichten und mit Reis servieren.

Chinesischer Seeteufel aus dem Wok Je 1 rote und gelbe Paprika in Streifen schneiden. Im Wok 2 EL Sonnenblumenöl erhitzen und 600 g Seeteufelschwanz in Würfeln bei großer Hitze 2–3 Minuten unter Rühren braten. 120 g Austernsauce (Asia-Handel) einrühren und weitere 2–3 Minuten erhitzen. Sofort mit Reis servieren.

Seeteufel-Paprika-Spieße 700 g Seeteufelfilet in mundgerechte Stücke schneiden und in eine Schüssel legen. 1 EL mittelscharfe Currypaste, 6 EL Kokoscreme und den Saft von 1 Limette verrühren und mit Salz und Pfeffer würzen. Über das Filet geben und 10–15 Minuten marinieren lassen. In der Zwischenzeit den Backofengrill auf mittlerer Stufe vorheizen. 2 rote und 1 gelbe Paprika in mundgerechte Stücke schneiden. Den Seeteufel im Wechsel mit Paprika auf 8 Metallspieße ziehen. Unter dem Grill die Spieße von jeder Seite 4–5 Minuten garen und mit einem grünen Salat servieren.

Garnelen-Tomaten-Curry

Für 4 Personen

2 EL scharfes Currypulver

1 TL gemahlene Kurkuma

4 Knoblauchzehen, zerdrückt

2 TL fein geriebene frische Ingwerwurzel

2 EL gemahlener Kreuzkümmel

6 EL Tomatenmark

1 TL feiner Zucker oder Palmzucker

2 TL Tamarindenpaste (Asia-Handel)

300 ml Kokosmilch

800 g rohe Tigergarnelen mit
   Schwanz, ohne Schale und entdarmt

200 g Kirschtomaten, halbiert

Salz und frisch gemahlener Pfeffer

1 Handvoll gehackte Korianderblätter
   zum Garnieren

- In einem Topf Curry, Kurkuma, Knoblauch, Ingwer, Kreuzkümmel, Tomatenmark, Zucker und 400 ml Wasser verrühren. Die Mischung aufkochen und bei schwacher Temperatur zugedeckt 8–10 Minuten sanft köcheln lassen.

- Die Temperatur auf die höchste Stufe stellen. Die Tamarindenpaste und die Kokosmilch in den Topf geben und alles aufkochen. Die Garnelen und die Tomaten hinzufügen und offen 4–5 Minuten kochen, bis die Garnelen rosafarben sind. Gut würzen.

- In vorgewärmten tiefen Tellern anrichten und mit Korianderblättern bestreut servieren. Dazu indisches Naanbrot reichen.

1 **Garnelen-Tomaten-Salat** 500 g gegarte Garnelen ohne Schale, 4 in Scheiben geschnittene Tomaten und die Blätter von 2 kleinen Kopfsalaten in eine große Salatschüssel geben. 1 EL mittelscharfes Currypulver und 6 EL Mayonnaise mit dem Saft von 1 Zitrone und 5 EL Naturjoghurt verrühren und gut würzen. Mit den Salatzutaten mischen. Den Salat mit einem warmen indischen Naanbrot servieren.

3 **Garnelen-Tomaten-Gratin** Den Backofengrill auf mittlerer Stufe vorheizen. In einer Pfanne 2 EL Sonnenblumenöl erhitzen. 2 fein gehackte Zwiebeln bei mittlerer Hitze unter Rühren in 10 Minuten darin weich dünsten. 2 gehackte Knoblauchzehen, 1 entkernte und fein gehackte grüne Chili, 1 EL mittelscharfes Currypulver und 1 TL fein geriebene frische Ingwerwurzel zugeben und unter Rühren 1–2 Minuten braten. 400 g halbierte Kirschtomaten hinzufügen und in 4–5 Minuten weich garen. Das Ganze in eine Gratinform geben, würzen und mit 500 g rohen Tigergarnelen ohne Schale belegen. Unter dem Grill 6 Minuten garen, bis die Garnelen rosafarben sind. Mit 1 Handvoll gehackten Korianderblättern bestreuen und mit Zitronenspalten servieren.

Garnelenspieße mit Minz-Joghurt-Dip

Für 4 Personen

800 g geschälte rohe Riesengarnelen
3 EL Tandoori-Paste (Asia-Handel)
6 EL Naturjoghurt
Saft von 2 Limetten
Salz und frisch gemahlener Pfeffer

Für den Dip
1 EL Minzgelee
2 EL fein gehackte Minzeblätter
1 EL Limettensaft
200 g Naturjoghurt

- Den Backofengrill auf mittlerer Stufe vorheizen. Die Garnelen in eine flache Schale legen. Tandoori-Paste, Joghurt und Limettensaft verrühren und mit Salz und Pfeffer würzen. Die Mischung gleichmäßig auf den Garnelen verteilen und diese zugedeckt 8–10 Minuten marinieren lassen.

- In der Zwischenzeit für den Dip alle Zutaten in einer Schüssel glatt rühren und nach Geschmack würzen. Zugedeckt kalt stellen.

- Jede Garnele auf einen kleinen Metallspieß stecken und unter dem Grill 6–8 Minuten garen (einmal wenden). Werden die Garnelen rosafarben, sind sie gar.

- Die Spieße auf vier Tellern anrichten. Mit dem Dip und Limettenstücken servieren.

Gebratene Tandoori-Garnelen Im Wok oder in der Pfanne 2 EL Sonnenblumenöl erhitzen. 2 EL Tandoori-Paste aus dem Asia-Handel und 800 g geschälte rohe Tigergarnelen zugeben, mit Salz bestreuen und unter Rühren bei großer Hitze 3–5 Minuten braten, bis die Garnelen rosa gefärbt sind. Den Wok vom Herd nehmen, den Saft von 1 Zitrone einrühren und sofort mit Reis oder erwärmtem indischen Naanbrot servieren.

Garnelen-Biryani In einer großen Schüssel 6 EL Naturjoghurt mit 2 EL Tandoori-Paste aus dem Asia-Handel verrühren. 600 g geschälte rohe Tigergarnelen hinzufügen und würzen. In einem Topf 2 EL Sonnenblumenöl erhitzen, 6 EL Röstzwiebeln, 450 g Basmatireis, 1 Zimtstange, 6 Kardamomkapseln, 2 Nelken und 1 EL Kreuzkümmelsamen zugeben. Die Garnelenmischung unterrühren. 800 ml Gemüse- oder Fischbrühe zugießen, salzen und aufkochen lassen. Zugedeckt bei schwacher Temperatur 15–20 Minuten köcheln lassen, bis die Flüssigkeit vollständig absorbiert ist. Vor dem Servieren einige Minuten ruhen lassen.

Fischbällchen auf Thai-Art

Für 4 Personen

1 EL Sonnenblumenöl

1 EL rote Currypaste

600 ml Kokosmilch

2 TL feiner Zucker

4 Kaffirlimettenblätter (Feinkosthandel), fein gehackt

2 cm Zitronengras, fein gehackt

2 TL Fischsauce

1 Karotte, in Stifte geschnitten

150 g Zuckerschoten, längs halbiert

1 EL gehackte Korianderblätter und gehackte rote Chili zum Garnieren

Für die Fischbällchen

800 g festes weißes Fischfilet ohne Haut und Gräten

2 Knoblauchzehen, zerdrückt

2 EL Speisestärke

2 EL dunkle Sojasauce

2 EL gehackte Korianderblätter

1 TL fein geriebene frische Ingwerwurzel

- Für die Fischbällchen alle Zutaten in eine Küchenmaschine geben und zu einer glatten Mischung verarbeiten. Kleine Bällchen formen.

- Im Wok oder in der Pfanne das Sonnenblumenöl erhitzen, die Currypaste einrühren und bei mittlerer Hitze 1–2 Minuten braten, dann die Kokosmilch zugießen. Aufkochen und bei schwacher Hitze offen 6–8 Minuten köcheln lassen.

- Die Fischbällchen sowie Zucker, Limettenblätter, Zitronengras, Fischsauce, die Karotte und Zuckerschoten hinzufügen und erneut aufkochen. Bei schwacher Hitze das Ganze offen 10–12 Minuten köcheln lassen, bis die Fischbällchen gar sind.

- In vorgewärmten Schalen anrichten, mit Chili und Koriander bestreuen und zu Jasminreis servieren.

 Thai-Fischsuppe In einem Topf 1 EL Sonnenblumenöl erhitzen. 4 geriebene Zucchini und 2 zerdrückte Knoblauchzehen zugeben und etwa 2 Minuten weich dünsten. Mit 800 g Gemüsebrühe auffüllen. 2 TL rote Currypaste und 400 g fertig gegarte Fischbällchen aus dem Asia-Handel zugeben und aufkochen lassen. Bei mittlerer Hitze 3–4 Minuten köcheln lassen. 60 g Kokosmilch hinzufügen und sofort servieren.

 **Fischbällchen mit Reisnudeln** Im Wok oder in der Pfanne 2 EL Sonnenblumenöl erhitzen, 400 g fertig gegarte Fischbällchen aus dem Asia-Handel zugeben und in 4–6 Minuten darin anbraten. 1 EL rote Currypaste und 200 ml Kokosmilch hinzufügen und weitere 2–3 Minuten köcheln. 300 g blanchiertes Mischgemüse und 300 g Reisnudeln unterrühren. Aufkochen und 6 Minuten garen lassen. Würzen und sofort servieren.

 # Flusskrebs auf Rucolasandwich

Für 4 Personen

200 g Mayonnaise

1 EL mildes Currypulver

8 dicke Scheiben Vollkornbrot

1 Handvoll Rucolablätter

400 g küchenfertiges Flusskrebsfleisch

- Die Mayonnaise und das Currypulver verrühren und die 8 Brotscheiben damit bestreichen.

- Vollkornbrotscheiben mit Rucolablättern belegen und jeweils ein Viertel des Krebsfleisches darauf verteilen.

- Die restlichen Scheiben auflegen und fest andrücken. Mit einem Salat servieren.

 Gebratener Fluss-krebs mit Gemüse Im Wok 2 EL Sonnenblumenöl erhitzen, 6 in Scheiben geschnittene Frühlingszwiebeln, 2 gehackte Knoblauchzehen, 1 TL fein geriebene frische Ingwerwurzel und 1 entkernte und gehackte rote Chili zugeben und unter Rühren bei großer Hitze 2–3 Minuten darin braten. 400 g geputztes Mischgemüse (nach Belieben) zugeben und weitere 5–6 Minuten unter Rühren garen. 200 ml Kokoscreme und 400 g küchenfertiges Flusskrebsfleisch untermischen und weitere 4–5 Minuten braten. Würzen und mit Nudeln servieren.

Karibischer Fluss-krebs mit Kokoscurry In einer Pfanne 2 EL Sonnenblumenöl erhitzen. 1 fein gehackte Zwiebel, 2 zerdrückte Knoblauchzehen, 1 entkernte und fein gehackte schottische Bonnet-Chili aus dem Feinkosthandel und 1 EL Thymian zugeben und bei mittlerer Hitze darin dünsten. 1 EL mildes Currypulver einrühren und 1 Minute mitbraten, dann 1 gewürfelte rote Paprika, 6 klein geschnittene Frühlingszwiebeln sowie 1 Dose gehackte Tomaten (400 g) hinzufügen und 2 Minuten weiterbraten. 400 ml Kokosmilch zugießen und aufkochen lassen. Bei schwa-

cher Temperatur 6–8 Minuten köcheln lassen. 500 g küchenfertiges Flusskrebsfleisch zugeben und in 4–5 Minuten erhitzen. Abschmecken und in tiefen Tellern angerichtet mit Brot oder Reis servieren.

Venusmuscheln in Kokosmilch

Für 4 Personen

4 EL Sonnenblumenöl

2 Schalotten, sehr fein gehackt

1 rote Chili, längs eingeschnitten und entkernt

1 EL fein geriebene frische Ingwerwurzel

2 Knoblauchzehen, fein gehackt

2 Pflaumentomaten, fein gehackt

1 EL scharfes Currypulver

200 ml Kokosmilch

800 g frische Venusmuscheln, gebürstet

1 Handvoll gehackte Korianderblätter

3 EL frisch geriebenes Kokosmark

- In einem Topf das Sonnenblumenöl erhitzen. Schalotten, Chili, Ingwer und Knoblauch zugeben und bei mittlerer Hitze unter Rühren 3–4 Minuten darin braten. Bei großer Hitze die Tomaten, das Currypulver und die Kokosmilch unterrühren und 4–5 Minuten kochen lassen.

- Die Muscheln in den Topf geben (alle aussortieren, die beschädigt sind und sich nicht schließen, wenn man mit dem Finger dagegenklopft). Bei hoher Temperatur 6–8 Minuten kochen, bis alle Muscheln geöffnet sind. Geschlossene Muscheln herausnehmen und wegwerfen.

- Die Korianderblätter einrühren. Das Muschelgericht in tiefen Tellern mit Kokosmark bestreut servieren. Dazu einen frischen Salat und Brot reichen.

---

1 **Venusmuschel-Omelett** In einer Schüssel 8 Eier, 2 TL scharfes Currypulver und 1 Handvoll gehackte Korianderblätter verrühren. In einer Pfanne 2 EL Olivenöl erhitzen und die Hälfte der Eiermischung hineingeben. Die Pfanne leicht schwenken, damit sich das Ganze gleichmäßig verteilt. 1–2 Minuten stocken lassen, dann 140 g Muschelfleisch aus dem Glas zugeben. Das Omelett zusammenklappen und 1–2 Minuten weitergaren, warm stellen und aus der übrigen Eiermischung und noch einmal 140 g Muschelfleisch ein weiteres Omeletts zubereiten. Beide in der Mitte durchschneiden und auf vier Tellern angerichtet zu einem grünen Salat servieren.

3 **Venusmuschel-Chowder** In einem Topf 2 EL Sonnenblumenöl erhitzen, 1 gehackte Zwiebel, 1 entkernte und gehackte rote Chili, 1 EL scharfes Currypulver und 2 gehackte Knoblauchzehen unter Rühren 2–3 Minuten darin braten. 400 g geschälte und fein gewürfelte Kartoffeln, 200 ml Kokosmilch und 600 ml Fischbrühe hinzufügen und aufkochen. Bei mittlerer Hitze offen 12–15 Minuten köcheln lassen, bis die Kartoffeln gar sind. Bei großer Hitze 400 g frische gebürstete Venusmuscheln zugeben (alle aussortieren, die beschädigt sind und sich nicht schließen, wenn man mit dem Finger dagegenklopft). Zugedeckt aufkochen und 4–5 Minuten kochen lassen. Die geschlossenen Muscheln herausnehmen und wegwerfen. Abschmecken und 1 Handvoll gehackte Korianderblätter einrühren. Sofort servieren.

Hummerschwanz in Currysahne

Für 4 Personen

2 Eigelb, verquirlt

100 g Sahne

30 g Butter

2 EL trockener Sherry

½ TL Salz

1 EL mittelscharfes Currypulver

4 EL fein gehackte Korianderblätter
zzgl. Koriander zum Garnieren

450 g gegartes Hummerschwanzfleisch, in mundgerechte Stücke
geschnitten

- In einer kleinen Schüssel das Eigelb und die Sahne verrühren. Die Butter bei schwacher Hitze in einem Topf zerlassen, dann die Eier-Sahne-Mischung und den Sherry einrühren. 10–12 Minuten unter Rühren eindicken lassen (nicht kochen).

- Den Topf vom Herd nehmen, Salz, Curry und Koriander unterrühren. Das Hummerfleisch zugeben und bei schwacher Hitze einige Minuten erwärmen.

- In vorgewärmten tiefen Schalen mit Korianderblättern bestreut anrichten. Dazu Zitronenspalten und Reis reichen.

Lobstercremesuppe
In einem Topf 1 EL Butter erhitzen, 1 entkernte und fein gehackte rote Chili, 1 TL Knoblauchpaste und 1 TL Ingwerpaste aus dem Asia-Handel zugeben und unter Rühren 30 Sekunden darin braten. Mit 800 ml Gemüsebrühe ablöschen. 50 g Hummerpaste aus dem Asia-Handel langsam in der Brühe auflösen. Aufkochen lassen und 200 g Sahne und 2 cl Pernod hinzufügen. Mit Zitronensaft, Salz und Pfeffer abschmecken. 4 EL fein gehackte Korianderblätter einrühren und sofort mit Ciabattascheiben servieren.

Hummergratin Den Backofen auf 220 °C vorheizen. In einem Topf bei schwacher Hitze 50 g Butter zerlassen. 2 EL Weizenmehl und 2 EL Currypulver zugeben und unter Rühren 1–2 Minuten darin erhitzen. Nach und nach 250 g Sahne und 100 ml Milch einrühren. 5 Minuten unter Rühren eindicken lassen. 500 g Hummerschwanzfleisch in große Stücke schneiden und in den Topf geben. Würzen, gut vermischen und in eine flache Gratinform füllen. Mit 200 g frischen Semmelbröseln bestreuen. Im Backofen 15–20 Minuten garen lassen. Mit einem knackigen grünen Salat servieren.

Goanesischer Bratfisch

Für 4 Personen

1 TL gemahlene Kurkuma
1 TL Ingwerpaste
1 TL Knoblauchpaste (Asia-Handel)
1 TL Chilipulver
1 TL gemahlener Kreuzkümmel
1 TL gemahlener Koriander
Saft von 2 Zitronen
4 Heilbuttfilets (je 200 g) ohne Haut
4 EL Sonnenblumenöl

- Die gemahlenen Gewürze und Gewürzpasten mischen. Den Zitronensaft unterrühren. Die Fischfilets mit der Mischung bestreichen und mit Salz und Pfeffer würzen.

- In einer Pfanne das Sonnenblumenöl erhitzen und den Fisch bei mittlerer Temperatur von beiden Seiten 2–3 Minuten braten. Dazu einen grünen Salat reichen.

 **Goanesische Fischbratlinge** 400 g Heilbuttfilet ohne Haut und Gräten und 400 g geschälte rohe Garnelen in eine Küchenmaschine geben. 1 EL goanesische Currypaste aus dem Asia-Handel zugeben und das Ganze zu einer glatten Mischung verarbeiten. Mit feuchten Händen 12 Bratlinge formen. In einer Pfanne 2 EL Sonnenblumenöl erhitzen und die Bratlinge bei mittlerer Temperatur von jeder Seite 3–4 Minuten braten. Mit Reis und einem Salat servieren.

Goanesisches Fischcurry In einem Topf 2 EL Sonnenblumenöl erhitzen. 2 fein gehackte Zwiebeln bei mittlerer Hitze 1–2 Minuten darin braten. 1 EL fein geriebene frische Ingwerwurzel, 4 zerdrückte Knoblauchzehen und 2 entkernte, gehackte rote Chilis zugeben und unter Rühren 1–2 Minuten braten. ½ TL gemahlene Kurkuma, je 2 TL gemahlenen Koriander und Kreuzkümmel sowie 1 TL Chilipulver einrühren und weitere 1–2 Minuten unter Rühren erhitzen. 1 EL Tamarindenpaste aus dem Asia-Handel, 200 ml Kokosmilch und 300 ml Wasser zugeben und aufkochen lassen. Bei schwacher Hitze das Ganze offen 12–15 Minuten köcheln lassen, dann 800 g Heilbuttfilet ohne Haut, in mundgerechte Stücke geschnitten, zugeben und 4–5 Minuten bei hoher Temperatur garen. In vorgewärmten tiefen Tellern anrichten. Dazu Reis, Papadams (indische dünne Fladen aus Linsenmehl) und Pickles servieren.

Pikanter Lachs in süß-saurer Sauce

Für 4 Personen

1 EL Fischsauce

1 TL feiner Zucker

2 Zitronengrasstängel, angedrückt

Saft von 1 Zitrone

1 EL Tamarindenpaste (Asia-Handel)

200 g Ananasfruchtfleisch, in mundgerechte Stücke geschnitten

8 Lachssteaks (je 75 g)

Für die Würzpaste

2 Knoblauchzehen, fein gehackt

4 getrocknete rote Chilis, fein gehackt

1 TL Meersalz

1 TL gemahlene Kurkuma

4 cm Zitronengras, fein gehackt

40 g Krabbenpaste (Asia-Handel)

- Für die Würzpaste alle Zutaten in eine Küchenmaschine geben und zu einer glatten Mischung verarbeiten. Ist das Ganze zu fest, ggf. etwas Wasser unterrühren.

- Die Würzpaste in einen großen Topf geben und Fischsauce, Zucker, Zitronengrasstängel und 400 ml Wasser hinzufügen. Aufkochen, dann bei schwacher Hitze offen 8–10 Minuten köcheln lassen.

- Zitronensaft, Tamarindenpaste und 200 ml Wasser verrühren, mit den Ananasstücken in den Topf geben und gut mischen. Die Lachs-steaks hinzufügen und das Ganze bei schwacher Hitze 8–10 Minu-ten sanft köcheln lassen.

- In vorgewärmten tiefen Tellern anrichten und mit Reis servieren.

1 **Gegrillter süß-saurer Lachs** Den Backofen-grill auf mittlerer Stufe vorheizen. Je 1 TL Zitronengraspaste und Tama-rindenpaste aus dem Asia-Handel sowie 1 TL scharfe Chilisauce und 2 TL süße Chilisauce verrühren. 4 große Lachssteaks mit der Mi-schung bestreichen. Unter dem Grill 5–6 Minuten von jeder Seite garen. Sofort mit einem Salat servieren.

2 **Lachscremesuppe mit Kokosmilch** In ei-nem Topf 1 EL Sonnenblumenöl er-hitzen, 8 klein geschnittene Früh-lingszwiebeln und 1 gehackte Knob-lauchzehe unter Rühren 1–2 Minu-ten darin braten. 1 TL mittelscharfes Currypulver und 1 TL rote Chilipaste sowie je 1 TL Zitronengraspaste und Tamarindenpaste aus dem Asia-Handel einrühren und weitere 30 Se-kunden erhitzen. 600 ml Fischbrühe und 400 ml Kokosmilch zugeben, aufkochen lassen, dann unter Rüh-ren 4–5 Minuten kochen. 400 g ge-würfeltes Lachsfilet ohne Haut zuge-ben und 5–6 Minuten sanft garen lassen. Sofort servieren.

Senf-Curry-Heilbutt

Für 4 Personen

1 TL gemahlene Kurkuma

1 EL Chilipulver

2 EL frisch geriebenes Kokosmark

4 EL Sonnenblumenöl

1 TL schwarze Senfsamen

20 frische Curryblätter

2 Zwiebeln, in dünne Scheiben geschnitten

4 grüne Chilis, entkernt und in Scheiben geschnitten

1 EL fein geriebene frische Ingwerwurzel

6 Knoblauchzehen, fein gehackt

1 kg Heilbuttfilet ohne Haut und Gräten, in mundgerechte Stücke geschnitten

400 ml Kokosmilch

1 EL Tamarindenpaste (Asia-Handel)

Salz

- In einer kleinen Schüssel Kurkuma, Chilipulver und Kokosmark mischen.

- In einem Topf das Sonnenblumenöl erhitzen und die Senfsamen bei mittlerer Hitze einige Minuten darin rösten, bis sie platzen. Dann Curryblätter, Zwiebeln, grüne Chilis, Ingwer und Knoblauch zugeben und unter Rühren 5 Minuten braten.

- Die Kurkuma-Mischung unterrühren und 1 Minute erhitzen. Zunächst den Fisch, dann die Kokosmilch und 300 ml Wasser hinzufügen. Zum Schluss die Tamarindenpaste einrühren. Aufkochen und anschließend bei schwacher Hitze offen 15 Minuten sanft köcheln lassen, bis der Fisch gar ist. Mit Salz würzen.

- In vorgewärmten tiefen Tellern anrichten und dazu Basmatireis servieren.

 Bratfisch mit Senf und Curryblättern 2 EL grobkörnigen Senf mit 6 zerdrückten getrockneten Curryblättern, 1 TL Chilipulver und 1 TL mittelscharfem Currypulver mischen. Das Ganze salzen und 4 Schollenfilets ohne Haut damit bestreichen. In einer Pfanne 2 EL Sonnenblumenöl erhitzen und die Filets von jeder Seite 2–3 Minuten braten. Mit einem knackigen grünen Salat servieren.

 **Heilbuttfilets aus dem Ofen** Den Backofen auf 220 °C vorheizen. 1 EL mittelscharfes Currypulver mit 4 EL Kokoscreme, 2 EL grobkörnigem Senf und dem Saft von 1 Zitrone verrühren. 4 dicke Heilbuttfilets ohne Haut gleichmäßig damit bestreichen. Die Filets nebeneinander in eine Auflaufform geben, mit 10–12 frischen Curryblättern bedecken und mit Salz und Pfeffer bestreuen. Im Backofen 12–15 Minuten garen. Mit gemischtem Gemüse und Reis servieren.

Garnelen-Mango-Curry

Für 4 Personen

2 EL Sonnenblumenöl

2 Knoblauchzehen, fein gehackt

2 Schalotten, in dünne Scheiben
geschnitten

1 Karotte, geputzt und in dünne Stifte
geschnitten

8 cm Zitronengras, fein gehackt

1 rote Chili, entkernt und gehackt

1 EL scharfes Currypulver

300 ml Kokosmilch

1 EL Fischsauce

1 kg rohe Riesengarnelen mit
Schwanz, ohne Schale und entdarmt

300 g frisches Mangofruchtfleisch, in
1,5 cm große Würfel geschnitten

1 Handvoll gehackte Thai-Basilikumblätter zum Garnieren

• In einem Topf das Sonnenblumenöl erhitzen, Knoblauch, Schalotten und Karottenstifte zugeben und bei mittlerer Hitze in 1–2 Minuten weich braten. Zitronengras, Chili und Currypulver unterrühren und 3 Minuten weiterbraten.

• Die Kokosmilch, 200 ml Wasser und die Fischsauce in den Topf geben und 5 Minuten köcheln lassen. Bei mittlerer Hitze die Garne-len und die Mangowürfel hinzufügen und halb zugedeckt 5 Minuten schwach köcheln lassen, bis die Garnelen rosafarben sind.

• In vorgewärmten tiefen Tellern anrichten, mit Thai-Basilikum be-streuen und mit Jasminreis servieren.

Wok-Garnelen mit Mangowürfeln In ei-nem Wok 2 EL Sonnenblumenöl er-hitzen, 2 gehackte Schalotten, 2 ent-kernte und gehackte rote Chilis, 2 ge-hackte Knoblauchzehen und 8 cm fein gehacktes Zitronengras zugeben und bei hoher Temperatur 1 Minute unter Rühren braten. 1 EL scharfes Currypulver, 600 g geschälte und ge-garte Garnelen und 1 gewürfelte reife Mango untermischen und 3–4 Minu-ten unter Rühren erhitzen. Mit Nudeln servieren.

Garnelen mit Mango-reis In einem Topf 2 EL Sonnenblumenöl erhitzen, 2 TL Kreuzkümmelsamen, 2 Nelken, 1 Zimtstange, 2 gehackte Schalotten, 2 entkernte und gehackte rote Chilis und 2 gehackte Knoblauchzehen un-ter Rühren 2–3 Minuten darin braten. 1 EL scharfes Currypulver, 450 g Basmatireis und 1 EL Zitronengras-paste aus dem Asia-Handel unter-rühren, dann 800 ml Gemüsebrühe zugießen und aufkochen lassen. 500 g geschälte rohe Tigergarnelen und das gewürfelte Fleisch einer Mango hinzufügen. Zugedeckt bei schwacher Hitze 15–20 Minuten kö-cheln lassen, bis der Reis und die Garnelen gar sind. Vor dem Servie-ren einige Minuten ruhen lassen.

30 Jakobsmuschelcurry

Für 4 Personen

1 Zwiebel, grob gerieben

4 Knoblauchzehen, zerdrückt

2 grüne Chilis, entkernt und fein
gehackt

1 EL gemahlener Kreuzkümmel

1 TL gemahlener Koriander

1 TL gemahlene Kurkuma

30 g Korianderblätter, fein gehackt,
zzgl. Koriander zum Garnieren

2 EL Sonnenblumenöl

6 frische Curryblätter zzgl. Curryblätter zum Garnieren

400 ml Kokosmilch

700 g Jakobsmuscheln, gesäubert

Salz und frisch gemahlener Pfeffer

- Zwiebeln, Knoblauch, Chilis, gemahlene Gewürze, gehackte Korianderblätter und 200 ml Wasser in eine Küchenmaschine geben und
  zu einer glatten Mischung verarbeiten.

- In einer Pfanne das Sonnenblumenöl erhitzen, die Curryblätter unter
  Rühren 20–30 Sekunden darin erhitzen, dann die Gewürzmischung
  zugeben und bei großer Hitze etwa 3–4 Minuten kochen lassen. Bei
  schwacher Temperatur die Kokosmilch zugießen und offen 12–15 Minuten sanft köcheln lassen.

- Die Muscheln in den Topf geben, das Ganze erneut aufkochen,
  dann bei schwacher Hitze 2–3 Minuten garen. Gut würzen.

- In vorgewärmten tiefen Tellern anrichten, mit Curry- und Korianderblättern garnieren und mit Basmatireis servieren.

 Jakobsmuscheln mit Chili, Koriander und Kokos In einer Pfanne 2 EL Sonnenblumenöl erhitzen, 700 g gesäuberte Jakobsmuscheln zugeben und bei großer Hitze von jeder Seite 1 Minute braten. Würzen. Auf vier Tellern anrichten und mit 1 entkernten, gehackten Chili und gehackten Korianderblättern bestreuen. Mit 4 EL verdünnter Kokoscreme beträufeln und servieren.

 **Chili-Nudeln mit Jakobsmuscheln** 400 g Linguine in reichlich Salzwasser nach Packungsangabe al dente garen. In einer Pfanne 2 EL Sonnenblumenöl erhitzen und 500 g gesäuberte Jakobsmuscheln von jeder Seite 1 Minute darin braten. Auf einen Servierteller legen und warm halten. Die Pfanne auswischen und 1 EL Sonnenblumenöl darin erhitzen. 1 entkernte, gehackte rote Chili und 2 gehackte Knoblauchzehen unter Rühren 1–2 Minuten darin braten. Die Pfanne vom Herd ziehen, die Muscheln wieder hineingeben und 100 ml Kokoscreme und 1 Handvoll gehackte Korianderblätter einrühren. Die abgegossenen Linguine untermischen. Würzen und servieren.

Knoblauch-Chili-Garnelen mit Tomaten

Für 4 Personen

800 g rohe Riesengarnelen mit
  Schwanz, geschält und entdarmt
Saft von 1 Limette
1 TL Salz
2 EL Sonnenblumenöl
1 Zwiebel, fein gehackt
1 rote Chili, entkernt und fein gehackt
4 Knoblauchzehen, fein gehackt
2 TL Paprikapulver edelsüß
4 Pflaumentomaten, grob gewürfelt
2 TL Tomatenmark
1 TL feiner Zucker
1 Handvoll gehackte glatte Petersilienblätter zum Garnieren

- Die Garnelen in eine flache Schale legen und Limettensaft und Salz zugeben. Beiseitestellen.

- Im Wok oder in der Pfanne 2 EL Sonnenblumenöl erhitzen und Zwiebeln, Chili und Knoblauch unter Rühren bei großer Hitze 1–2 Minuten darin braten. Das Paprikapulver und die Tomaten hinzufügen und unter Rühren 1–2 Minuten mitbraten.

- Die Garnelen und deren Saft in den Wok oder in die Pfanne geben und 3–4 Minuten braten, bis die Garnelen rosafarben sind. Das Tomatenmark und den Zucker einrühren und weitere 1–2 Minuten köcheln lassen.

- Mit gehackten Petersilienblättern bestreut sofort servieren.

Garnelensalat mit Chili

500 g geschälte gekochte Garnelen, die Blätter von 2 kleinen Kopfsalaten und 400 g halbierte Kirschtomaten in eine große Salatschüssel geben. 1 entkernte, gehackte rote Chili, 6 EL extra natives Olivenöl, den Saft von 1 Zitrone, 1 TL flüssigen Honig und 1 TL Dijon-Senf verrühren und würzen. Über den Salat geben und vermischen.

Garnelengratin mit Chili und Tomaten

Den Backofengrill auf mittlerer Stufe vorheizen. In einer Pfanne 1 EL Sonnenblumenöl erhitzen, 1 gehackte Zwiebel, 4 gehackte Knoblauchzehen und 1 entkernte, gehackte rote Chili zugeben und bei mittlerer Hitze in 3–4 Minuten weich braten. 1 Dose gehackte Tomaten (400 g) hinzufügen und in 6–8 Minuten zu einem Mus einkochen. Mit Salz und Pfeffer würzen, in eine Auflaufform füllen. 800 g geschälte rohe Garnelen untermischen und dann das Ganze unter dem Grill 5–6 Minuten backen, bis die Garnelen rosafarben sind. Mit gehackten glatten Petersilienblättern bestreuen und mit Brot servieren.

Würzige Seeteufel-Zitronen-Spieße

Für 4 Personen

800 g Seeteufelschwanz, in mundgerechte Stücke geschnitten

4 unbehandelte Zitronen

2 EL extra natives Olivenöl

2 TL Sumach (Würzpulver aus der
türkischen Küche)

3 TL getrocknete Chiliflocken

4 Knoblauchzehen, fein gehackt

1 rote Chili, entkernt und fein gehackt

35 g gehackte glatte Petersilienblätter

Salz und frisch gemahlener Pfeffer

- Den Backofengrill auf mittlerer Stufe vorheizen. Den Fisch in eine Schale legen. Von 2 Zitronen die Schale fein abreiben und beiseitestellen. 2 Zitronen auspressen und den Fisch damit beträufeln.

- Olivenöl, Sumach und Chiliflocken zum Fisch geben, mit Salz würzen und den Fisch mit den Gewürzen mischen. Zugedeckt marinieren lassen.

- Die Zitronenschale, den Knoblauch, rote Chili und Petersilienblätter mischen, würzen und beiseitestellen.

- Die restlichen Zitronen in dünne Scheiben schneiden. Die Seeteufelstücke im Wechsel mit den Zitronenscheiben auf 8 Metallspieße stecken und unter dem Grill von jeder Seite 4–5 Minuten garen.

- Die Spieße auf vier Tellern anrichten, mit der Zitronenschalen-Mischung bestreuen und mit Rucolasalat servieren.

Fischsandwich mit pikanter Würze 500 g Kabeljaufilet ohne Haut in einen Topf mit köchelndem Wasser legen und in 4–5 Minuten garen lassen. 4 warme Brötchen durchschneiden und jede Hälfte mit Zitronenmayonnaise aus dem Glas bestreichen, dann mit etwas Sumach (türkisches Würzpulver) und Chilipulver bestreuen. Den pochierten Fisch auseinanderzupfen und das Fleisch auf den unteren Hälften der Brötchen verteilen. Jeweils 1 EL süße Chilisauce hinzufügen und mit der oberen Hälfte belegen. Mit einem Salat servieren.

Seeteufeleintopf mit Sumach und Zitrone In einem Topf 2 EL Sonnenblumenöl erhitzen, 1 gehackte Zwiebel, 2 gehackte Knoblauchzehen, 1 EL mildes Currypulver und 1 Zimtstange zugeben und unter Rühren die Zwiebeln in 3–4 Minuten weich garen. 600 g Seeteufelschwanz, in dicke Scheiben geschnitten, hinzufügen und weitere 1–2 Minuten erhitzen. 500 ml Fischbrühe zugießen, aufkochen, dann bei schwacher Hitze das Ganze offen 12–15 Minuten köcheln lassen. 2 EL gehackte eingelegte Zitrone unterrühren und den Topf vom Herd ziehen. 1 TL Sumach (türkisches Würzpulver) und 1 Handvoll gehackte glatte Petersilienblätter untermischen und sofort mit Couscous oder Reis servieren.

Gelbes Fischcurry mit Kartoffeln und Tomaten

Für 4 Personen

2 EL Sonnenblumenöl

1 Zwiebel, fein gehackt

1 TL gemahlene Kurkuma

400 ml Kokosmilch

2 Kartoffeln, geschält und gewürfelt

800 g dicke Lachsfilets ohne Haut, in Stücke geschnitten

2 Tomaten, grob gehackt

Salz

1 Handvoll gehackte Korianderblätter zum Garnieren

Für die Würzpaste

3 TL Knoblauchpaste (Asia-Handel)

1 TL Ingwerpaste (Asia-Handel)

2 grüne Chilis, entkernt und fein gehackt

2 TL fein geriebene frische Ingwerwurzel

- Für die Würzpaste alle Zutaten in einen Mörser geben und mit dem Stößel zu einer glatten Paste zerdrücken. Alternativ in einer Küchenmaschine verarbeiten.

- Im Wok oder in der Pfanne das Sonnenblumenöl erhitzen und die Würzpaste bei mittlerer Temperatur unter Rühren 30–40 Sekunden braten, dann Zwiebeln und Kurkuma zugeben und weitere 2–3 Minuten braten.

- Die Kokosmilch und 200 ml Wasser zugießen, Kartoffeln unterrühren. Aufkochen, dann bei schwacher Hitze offen 10–12 Minuten köcheln lassen, dabei gelegentlich umrühren.

- Den Fisch salzen, mit den Tomaten in den Topf legen und erneut aufkochen lassen. Bei mittlerer Temperatur den Fisch in 6–8 Minuten gar kochen.

- In vorgewärmten tiefen Tellern anrichten und mit gehackten Korianderblättern bestreut servieren. Dazu Reis, Limettenstücke und gehackte rote Chili reichen.

1 Fisch-Tomaten-Suppe

In einem Topf 1 EL Sonnenblumenöl erhitzen, 1 EL milde Currypaste unter Rühren 20–30 Sekunden darin braten. 2 Dosen gehackte Tomaten (je 400 g) zugeben und aufkochen lassen, dann die Temperatur auf mittlere Hitze reduzieren. 400 g zerkleinerte heiß geräucherte Lachsfilets hinzufügen und einige Minuten erhitzen. Sofort mit Brot servieren.

2 Gelber Fisch-Tomaten-Reis

3 Lachsfilets ohne Haut in einen Topf mit köchelndem Wasser legen und 4–5 Minuten darin pochieren. Den Fisch in große Stücke zupfen. In der Zwischenzeit 1 EL Sonnenblumenöl in einer Pfanne erhitzen und 1 gehackte Zwiebel auf höchster Stufe in 3–4 Minuten darin weich braten. 1 TL Kreuzkümmelsamen, ½ TL gemahlene Kurkuma, 2 TL scharfes Currypulver, 1 TL Ingwerpaste und 1 TL Knoblauchpaste aus dem Asia-Handel zugeben und unter Rühren 2–3 Minuten braten. 500 g gegarten Basmatireis und 100 ml Kokosmilch hinzufügen und 6–8 Minuten köcheln lassen, bis die Flüssigkeit nahezu vollständig aufgenommen wurde. Den Lachs hinzufügen und 2 gewürfelte Pflaumentomaten untermischen, würzen und sofort servieren.

Makrelenspieße mit Chili-Nudeln

Für 4 Personen

4 große Makrelenfilets (je 200 g),
   geputzt
½ TL gemahlene Kurkuma
1 EL milde Currypaste
Saft von 2 Zitronen
1 EL Sonnenblumenöl
Salz und frisch gemahlener Pfeffer

Für die Nudeln
200 g Reisnudeln
1 EL Sonnenblumenöl
1 rote Chili, entkernt und in feine
   Scheiben geschnitten
6 Frühlingszwiebeln, klein geschnitten
4 EL grob gehackte Minzeblätter zzgl.
   Minze zum Garnieren
4 EL grob gehackte Korianderblätter
   zzgl. Koriander zum Garnieren
3 EL geröstete Chili-Erdnüsse, grob
   gehackt

- Den Backofengrill auf mittlerer Stufe vorheizen. Die Fischfilets in eine große flache Schale legen. Kurkuma, Currypaste, Zitronensaft und Sonnenblumenöl verrühren und über die Filets geben. Würzen, gut mischen und beiseitestellen.

- Die Reisnudeln in eine hitzefeste Schüssel geben und mit kochendem Wasser übergießen. 3–4 Minuten einweichen, dann abgießen, kalt abschrecken. Erneut abgießen und beiseitestellen.

- Durch jedes Fischfilet 2 Metallspieße stecken, damit es während des Garens flach bleibt. Die Spieße unter dem Grill 6–8 Minuten rösten.

- In der Zwischenzeit im Wok oder in der Pfanne das Sonnenblumenöl erhitzen, Chili, Frühlingszwiebeln und abgegossene Nudeln bei hoher Hitze 2–3 Minuten braten, dann die Minze- und Korianderblätter einrühren und würzen.

- Die Nudeln auf vier vorgewärmten Tellern anrichten. Mit dem gegrillten Fisch bedecken und mit Erdnüssen bestreuen. Mit etwas Minze- und Korianderblättern garnieren und sofort servieren.

Makrele mit Reisnudeln 600 g Reisnudeln nach Packungsangabe garen. Im Wok oder in der Pfanne 2 EL Sonnenblumenöl erhitzen. Die Reisnudeln und 120 ml süße Chilisauce zugeben und 3–4 Minuten erhitzen. Vom Herd nehmen. 4 geräucherte Makrelenfilets klein zupfen und mit 6 klein geschnittenen Frühlingszwiebeln mischen. Sofort servieren.

Makrelencurry mit Kurkuma In einem großen Topf 1 EL Sonnenblumenöl erhitzen, 1 gehackte Zwiebel, 1 TL Kurkuma und 1 EL mildes Currypulver zugeben und unter Rühren 3–4 Minuten braten, bis die Zwiebeln weich sind. 1 TL Ingwerpaste und 1 TL Knoblauchpaste aus dem Asia-Handel unterrühren und weitere 30–40 Sekunden erhitzen. 400 ml Kokosmilch und 100 ml Fischbrühe zugießen und kurz aufkochen lassen. Dann 4 große Makrelenfilets (je 200 g) zugeben und bei mittlerer Hitze in 8–10 Minuten garen lassen. Würzen und sofort mit Basmatireis servieren.

QuickHot & Spicy
Vegetarisch

Rezepte nach Zubereitungszeit

30

20

10

Curry mit Auberginen, Tomaten und Chili

Für 4 Personen

100 ml Sonnenblumenöl

2 große Auberginen, in fingerdicke Stifte geschnitten

2 Zwiebeln, in sehr feine Scheiben geschnitten

6 Knoblauchzehen, fein gehackt

3 TL fein geriebene frische Ingwerwurzel

2 rote Chilis, entkernt und in feine Scheiben geschnitten

1 Dose gehackte Tomaten (400 g)

6 Kaffirlimettenblätter (Feinkosthandel)

1 EL Ketjap Manis (dickflüssige Sojasauce)

2 EL dunkle Sojasauce

1 TL hellbrauner Zucker

Saft von 1 Limette

1 Handvoll gehackte Korianderblätter

2 EL gehackte geröstete Erdnüsse

- In einer großen Pfanne das gesamte Sonnenblumenöl bis auf 1 EL erhitzen und die Auberginen darin bei mittlerer Hitze 5–6 Minuten braten. Gelegentlich umrühren. Das Gemüse mit einem Schaumlöffel herausnehmen und auf Küchenkrepp abtropfen lassen.

- Das restliche Sonnenblumenöl in der Pfanne erhitzen und die Zwiebeln und den Knoblauch darin in 6–7 Minuten weich braten. Ingwer, Chilis, Tomaten und Limettenblätter zugeben und unter Rühren 2–3 Minuten erhitzen. Die Auberginen wieder hinzufügen und 1 Spritzer Wasser ergänzen, dann 2–3 Minuten köcheln lassen.

- Die Pfanne vom Herd nehmen und Ketjap Manis, Sojasauce, Zucker, Limettensaft und gehackte Korianderblätter unterrühren.

- In vorgewärmten tiefen Tellern anrichten, mit gehackten Erdnüssen bestreuen. Mit Reis oder Reisnudeln servieren.

 Auberginen-Tomaten-Salat 400 g gegrillte Auberginen in Öl (Glas) abtropfen lassen, das Öl auffangen. Die Auberginen in eine Salatschüssel geben. 8 in Scheiben geschnittene Pflaumentomaten und 1 Handvoll Rucolablätter zugeben. 6 EL vom Auberginenöl mit dem Saft von 2 Zitronen und 1 TL Chilipaste verrühren, mit Salz und Pfeffer abschmecken. Das Dressing mit den Salatzutaten vermischen und den Salat mit knusprigem Brot servieren.

 Sautiertes Auberginengemüse In einer Pfanne 2 EL Sonnenblumenöl erhitzen und 2 in Würfel geschnittene Auberginen bei mittlerer Hitze 6–8 Minuten darin braten, gelegentlich umrühren. 1 fein gehackte Zwiebel, 2 gehackte Knoblauchzehen, 2 in Scheiben geschnittene rote Chilis und 2 TL Kreuzkümmelsamen zugeben und 4–5 Minuten mitbraten. 4 gehackte Pflaumentomaten unterrühren, abschmecken und noch einmal erhitzen. Mit Basmatireis oder Brot servieren.

Tomatentarte mit Ziegenkäse

Für 4 Personen

400 g Blätterteig

8 EL Chili-Konfitüre

400 g gemischte rote und gelbe Kirschtomaten, halbiert

200 g weicher Ziegenkäse

4 EL fein gehackte Minzeblätter zum Garnieren

2 EL Mehl für die Arbeitsfläche

Salz und frisch gemahlener Pfeffer

- Den Backofen auf 220 °C vorheizen. Den Blätterteig auf einer leicht bemehlten Arbeitsfläche zu einem Rechteck ausrollen (30 x 20 cm). Mit einem scharfen Messer einen 2 cm breiten Rand einritzen. Den Teig auf ein Backblech legen und im Backofen 10–12 Minuten backen. 5 Minuten abkühlen lassen.

- Den Teigboden gleichmäßig mit Chili-Konfitüre bestreichen und mit Tomaten belegen. Salzen. Den Ziegenkäse in kleinen Krümeln über die Tomaten verteilen und mit Pfeffer bestreuen. Die Tarte für weitere 6–8 Minuten im Ofen backen, bis der Käse geschmolzen ist.

- Mit gehackten Minzeblättern bestreuen und mit einem Rucolasalat servieren.

 **Tomatensalat mit Ziegenkäse** 500 g gemischte rote und gelbe Kirschtomaten halbieren und in eine Salatschüssel geben. 200 g weichen Ziegenkäse zerkrümeln und hinzufügen. 6 EL extra natives Olivenöl, 1 entkernte und fein gehackte rote Chili, 3 EL Rotweinessig, 1 TL flüssigen Honig und 1 TL Dijon-Senf verrühren und mit Salz und Pfeffer abschmecken. Über den Salat geben und diesen mit 1 Handvoll gehackten Minzeblätter bestreuen.

Penne mit Kirschtomaten und Ziegenkäse 400 g Penne nach Packungsanleitung in reichlich Salzwasser al dente garen. 4 EL Olivenöl in einer Pfanne erhitzen und 2 fein gehackte Schalotten in 6–8 Minuten darin weich braten. 3 gehackte Knoblauchzehen, 1 entkernte, fein gehackte rote Chili und 300 g halbierte rote und gelbe Kirschtomaten hinzufügen und unter Rühren 2–3 Minuten braten. Die abgegossenen Nudeln mit 200 g zerkrümeltem weichem Ziegenkäse mischen und abschmecken. Sofort servieren.

Tomatencurry mit Roter Bete und grünen Bohnen

Für 4 Personen

2 EL Sonnenblumenöl
1 TL schwarze Senfsamen
1 Zwiebel, gehackt
2 Knoblauchzehen, gehackt
2 rote Chilis, fein gehackt
10–12 frische Curryblätter
1 TL gemahlene Kurkuma
1 TL Kreuzkümmelsamen
1 Zimtstange
400 g rohe Rote Bete, geschält, in
   Stifte geschnitten
200 g grüne Bohnen, geputzt
6 Pflaumentomaten, gewürfelt
100 ml Kokosmilch
Saft von 1 Limette
Salz und frisch gemahlener Pfeffer
½ Handvoll gehackte Korianderblätter
   zum Garnieren

- In einem Topf das Sonnenblumenöl erhitzen und die Senfsamen bei mittlerer Hitze einige Minuten darin erhitzen, bis die Samen platzen. Dann Zwiebeln, Knoblauch und Chilis zugeben und unter gelegentlichem Rühren 5 Minuten braten, bis die Zwiebeln glasig sind.

- Die restlichen Gewürze, die Rote Bete und die grünen Bohnen hinzufügen und 1–2 Minuten mitbraten. Die Tomaten und 250 ml Wasser zugeben und unter gelegentlichem Rühren das Ganze offen 15–20 Minuten köcheln lassen, bis die Rote Bete gar ist.

- Die Kokosmilch zugießen und weitere 1–2 Minuten köcheln lassen. Zum Schluss den Limettensaft hinzufügen und abschmecken. In vorgewärmten tiefen Tellern anrichten und mit gehackten Korianderblättern bestreuen.

 Rote-Bete-Tomaten-Suppe mit grünen Bohnen In einem Topf 2 EL Olivenöl erhitzen, 2 fein gehackte Zwiebeln zugeben und glasig dünsten. 2 kg klein geschnittene Tomaten und 2 EL Tomatenmark hinzufügen, kurz mitdünsten und salzen. 350 ml Wasser zugießen und die Mischung bei mittlerer Hitze etwa 10 Minuten köcheln lassen. In der Zwischenzeit 400 g gegarte Rote Bete würfeln und im Mixer stückig pürieren. Die Tomatensuppe durch ein feines Sieb streichen und mit Salz, Pfeffer und Zucker abschmecken. Das Rote-Bete-Püree, 300 ml Kokosmilch, 200 g fein geschnittene grüne Bohnen und 2 TL milde Currypaste zugeben. Aufkochen, dann bei mittlerer Hitze 3–4 Minuten köcheln lassen, bis die Suppe heiß ist. Abschmecken, mit 100 g Croûtons bestreuen und servieren.

Tomatenreis mit Roter Bete und grünen Bohnen In einer Pfanne 1 EL Butter und 1 EL Olivenöl erhitzen, 1 gehackte rote Zwiebel, 300 g fein gewürfelte gegarte Rote Bete, 300 g geputzte, in kleine Stücke geschnittene grüne Bohnen und 1 EL mittelscharfes Currypulver zugeben und unter Rühren 2–3 Minuten braten. 1 Dose gehackte Tomaten (400 g) hinzufügen, aufkochen, dann 6–8 Minuten dicklich einköcheln lassen. 500 g gegarten Langkornreis einrühren und weitere 5–6 Minuten erhitzen. Würzen, 4 EL Crème fraîche einrühren und servieren.

30 Mango-Kokos-Curry

Für 4 Personen

4 reife Mangos, geschält und in mundgerechte Stücke geschnitten

1 TL gemahlene Kurkuma

1 TL Chilipulver

300 g Naturjoghurt

4 EL Sonnenblumenöl

2 TL schwarze Senfsamen

3–4 getrocknete scharfe rote Chilis

10–12 frische Curryblätter

Für die Kokospaste

350 g Kokosmark, frisch gerieben

3–4 grüne Chilis, entkernt und grob
gehackt

1 EL Kreuzkümmelsamen

- Für die Kokospaste im Mixer alle Zutaten mit 250 ml Wasser zu einer feinen Mischung verarbeiten.

- Die Mangostücke in einen Topf geben, Kurkuma, Chilipulver und 250 ml Wasser hinzufügen und aufkochen lassen. Den Topf vom Herd nehmen.

- Die Kokospaste in die Mangomischung rühren. Zugedeckt bei mittlerer Hitze 10–12 Minuten köcheln lassen, gelegentlich umrühren. Den Joghurt einrühren und unter Rühren erwärmen (nicht kochen, da er sonst gerinnt). Den Topf vom Herd ziehen und das Ganze warm halten.

- In einer Pfanne das Sonnenblumenöl erhitzen, die Senfsamen zugeben und bei mittlerer Hitze so lange erwärmen, bis die Samen platzen. Getrocknete Chilis und Curryblätter hinzufügen und unter Rühren einige Sekunden erhitzen, bis die Chilis Farbe ziehen. Das Ganze in die Mangomischung geben und gut vermischen.

- In vorgewärmten Schalen anrichten und dazu Reis servieren.

---

1 **Mango-Kokos-Salat**

4 reife geschälte Mangos in Scheiben schneiden und auf einem großen Teller anrichten. Mit 100 g frisch geriebenem Kokosmark bestreuen. In einer kleinen Pfanne 6 EL Sonnenblumenöl erhitzen, 2 TL schwarze Senfsamen bei mittlerer Temperatur erwärmen, bis die Samen platzen, dann 1 TL Kreuzkümmelsamen, 1 getrocknete rote Chili und 10 frische Curryblätter zugeben und einige Sekunden unter Rühren erhitzen. Die Pfanne vom Herd nehmen und das Öl über die Mango und das Kokosmark träufeln. Die Zutaten mischen und servieren.

2 **Mango-Kokos-Reis**

400 g Basmatireis in leicht gesalzenem Wasser in 10–12 Minuten gar kochen. Abgießen und den Reis in eine große Schüssel geben. 2 Mangos schälen, in mundgerechte Stücke schneiden und unter den Reis heben. 1 Handvoll gehackte Korianderblätter, 1 entkernte, fein gehackte rote Chili und 100 g frisch geriebenes Kokosmark untermischen, gut würzen und sofort servieren.

3 Scharfer Avocado-Tomaten-Mais-Salat

Für 4 Personen

2 Maiskolben

3 EL Sonnenblumenöl

1 rote Paprika, längs halbiert, entstielt und entkernt

1 Avocado, geschält und in Würfel geschnitten

½ scharfe rote Chili, entkernt und fein gehackt

6 Pflaumentomaten, grob gehackt

1 EL gehackte Korianderblätter

Saft von 2 Limetten

140 ml extra natives Olivenöl

Salz und frisch gemahlener Pfeffer

- Den Backofengrill auf höchster Stufe vorheizen. Die Maiskolben in kochendem Wasser 1 Minute blanchieren, herausnehmen, trocken tupfen und mit dem Sonnenblumenöl bestreichen. Unter dem Grill 4–5 Minuten unter Wenden garen. Mit einem scharfen Messer die Kerne abstreifen und in eine große Schüssel geben.

- In der Zwischenzeit die Paprikahälften mit der Hautseite nach oben 6–8 Minuten unter den Backofengrill legen, bis die Haut schwarz wird und Blasen wirft. In einen Gefrierbeutel legen, 5 Minuten abkühlen lassen, dann die Haut abziehen, das Fleisch würfeln und zum Mais geben.

- Die Avocadowürfel, die Chili und die Tomaten unter die Mais-Paprika-Mischung heben.

- In einer zweiten Schüssel die Korianderblätter, den Limettensaft und das Olivenöl verrühren und mit Salz und Pfeffer würzen. Das Dressing zum Salat geben und gut mit den Zutaten vermischen. Sofort mit warmem Fladenbrot servieren.

1 Schneller Avocado-Tomaten-Mais-Salat

1 Dose Mais (300 g) in eine Salatschüssel geben, 1 entkernte und fein gehackte rote Chili, 4 gehackte Tomaten und 2 geschälte und gewürfelte Avocados unterziehen. Aus 1 EL gehackten Korianderblättern, dem Saft von 2 Limetten, 140 ml Olivenöl, 1 EL fein geriebener frischer Ingwerwurzel, Salz und frisch gemahlenem Pfeffer ein Dressing mischen. Unter den Salat heben, abschmecken und sofort servieren.

2 Penne mit Mais, Avocado und Tomaten

400 g Penne nach Packungsangabe in reichlich Salzwasser al dente garen. In einer Pfanne 2 EL Olivenöl erhitzen, 1 gehackte Knoblauchzehe, 1 entkernte, fein gehackte rote Chili sowie 6 klein geschnittene Frühlingszwiebeln zugeben und bei mittlerer Hitze unter Rühren 2–3 Minuten braten. 3 gewürfelte Pflaumentomaten und 1 Dose Mais (300 g) hinzufügen und weitere 6–8 Minuten erhitzen. Die Nudeln abgießen und zusammen mit 2 geschälten und gewürfelten Avocados in die Pfanne geben. Würzen und alle Zutaten gut mischen. Mit gehackten Korianderblättern bestreut servieren.

Süßkartoffelcurry mit Litschis

Für 4 Personen

350 g Jasminreis, abgespült

1 EL Sonnenblumenöl

3 EL rote Currypaste

1 TL fein geriebene frische Ingwerwurzel

fein abgeriebene Schale von 1 unbehandelten Limette

400 ml Gemüsebrühe

200 ml Kokoscreme

400 g Litschis aus der Dose, abgetropft,
Flüssigkeit auffangen

2 Süßkartoffeln, geschält und in mundgerechte Stücke geschnitten

2 EL Fischsauce

4 fein zerkleinerte Kaffirlimettenblätter
(Feinkosthandel) und 1 entkernte und
längs in sehr dünne Streifen geschnittene rote Chili zum Garnieren

- Den Reis in leicht gesalzenem Wasser in 15–20 Minuten gar kochen. Gut abtropfen lassen und beiseitestellen.

- In der Zwischenzeit im Wok oder in der Pfanne das Sonnenblumenöl erhitzen. Die Currypaste, den Ingwer und die Limettenschale
zugeben und bei mittlerer Hitze 1 Minute braten.

- Die Brühe und die Kokoscreme unterrühren und aufkochen lassen.
Die Litschis und die Süßkartoffeln hinzufügen und das Ganze bei
mittlerer Hitze 10–15 Minuten köcheln lassen, bis die Süßkartoffeln
gar sind. 5 EL Litschisirup und die Fischsauce unterrühren.

- In vorgewärmten Schalen anrichten und mit Limettenblättern und
Chilistreifen bestreut servieren. Dazu den Reis reichen.

**Süßkartoffel-Litschi-
Salat** In einer großen
Schüssel 400 g gegarte und gewürfelte Süßkartoffeln, 1 Dose Litschis
(400 g, abgetropft) und 80 g Salatblätter mischen. 4 EL Olivenöl, ½ TL
rote Currypaste, 6 EL Kokoscreme,
1 TL gerlebenen Palmzucker oder
feinen Zucker und den Saft von 1 Limette verrühren und würzen. Mit den
Salatzutaten mischen und sofort servieren.

**Süßkartoffel-Litschi-
Nudeln** 300 g asiati-
sche Eiernudeln nach Packungsangabe garen. Im Wok oder in der
Pfanne 2 EL Sonnenblumenöl erhitzen, 2 EL rote Currypaste, 400 geschälte und gewürfelte Süßkartoffeln
sowie 8 klein geschnittene Frühlingszwiebeln zugeben und bei großer
Hitze unter Rühren 1–2 Minuten braten. 300 ml Gemüsebrühe zugießen
und aufkochen. Bei mittlerer Hitze

8–10 Minuten köcheln lassen, bis die
Süßkartoffeln gar sind. 100 ml Kokoscreme einrühren und die Nudeln
unterrühren. Erneut aufkochen und
1 Dose Litschis (400 g, abgetropft)
zugeben. 3–4 Minuten erhitzen, würzen und sofort servieren.

 # Marokkanische Gemüsetajine

Für 4 Personen

200 g Couscous
2 EL Sonnenblumenöl
1 große Zwiebel, fein gehackt
2 Knoblauchzehen, zerdrückt
1 TL fein geriebene frische Ingwerwurzel
je 2 TL gemahlener Kreuzkümmel,
Zimtpulver und getrocknete Chiliflocken
je 1 TL gemahlener Koriander und
gemahlene Kurkuma
1 EL Harissa (scharfe Gewürzpaste)
1 Dose Tomaten (400 g)
250 ml Gemüsebrühe
2 rote Paprika, in mundgerechte Stücke geschnitten
700 g Butternusskürbis, geschält,
entkernt und gewürfelt
100 g Sultaninen
Salz und frisch gemahlener Pfeffer
1 Handvoll gehackte Korianderblätter
zum Garnieren

- Den Couscous in eine hitzefeste Schüssel geben und salzen. 550 ml kochendes Wasser zugießen, abdecken und 10 Minuten bzw. nach Packungsangabe quellen lassen. Den Couscous dann mit einer Gabel auflockern und warm halten.

- In der Zwischenzeit in einer Pfanne das Sonnenblumenöl erhitzen und die Zwiebeln bei mittlerer Hitze unter Rühren in 2–3 Minuten darin weich garen. Knoblauch, Ingwer, gemahlene Gewürze, Chili-flocken, Harissa, Tomaten und Brühe zugeben und aufkochen. Bei schwacher Hitze zugedeckt 10–12 Minuten köcheln lassen.

- Die Paprikastücke, den Kürbis und die Sultaninen unterrühren. Bei mittlerer Hitze zugedeckt 10–12 Minuten köcheln lassen, dann nach Geschmack würzen.

- Den Couscous in vier vorgewärmte tiefe Teller geben, jeweils etwas Tajine hinzufügen und mit gehackten Korianderblättern bestreut sofort servieren.

 Marokkanischer Cous-coussalat 250 g Couscous in eine hitzefeste Schüssel geben und mit kochendem Wasser bedecken. Abgedeckt 6–8 Minuten quellen lassen. 300 g fein gewürfelte Paprika, 1 fein gehackte rote Zwiebel und je 1 Handvoll gehackte Minze-blätter und gehackte Korianderblätter In eine große Schüssel geben. In einer kleinen Schüssel 2 TL Harissa (scharfe Gewürzpaste) mit 4 EL extra nativem Olivenöl und dem Saft von 1 Zitrone verrühren und würzen. Den Couscous mit einer Gabel auflockern und in die Salatschüssel geben. Das Dressing unterziehen und servieren.

Marokko-Kebabs Den Backofengrill auf mittlerer Stufe vorheizen. 2 große Zucchini, 2 rote Paprika und 1 Aubergine in Stücke schneiden und in eine Schüssel geben. 8 EL Olivenöl, 1 EL Harissa, den Saft von 2 Zitronen und 1 Handvoll gehackle Korianderblätter verrühren und mit dem Gemüse vermischen. Das Gemüse auf 12 Spieße stecken und unter dem Grill 10–12 Minuten braten, einmal wenden. Mit Couscous servieren.

Kreuzkümmel-Kartoffeln mit Granatapfelkernen

Für 4 Personen

½ großer Granatapfel

4 EL Sonnenblumenöl

1–2 TL schwarze Senfsamen

1 TL scharfes Chilipulver

4 TL Kreuzkümmelsamen

2 TL Sesamsamen

8–10 frische Curryblätter

2 TL gemahlener Kreuzkümmel

2 TL gemahlener Koriander

1 TL gemahlene Kurkuma

500 g gegarte Kartoffeln, in 2,5 cm
   große Würfel geschnitten

6 EL gehackte Korianderblätter

Saft von 1 Zitrone

Salz und frisch gemahlener Pfeffer

- Den Granatapfel halbieren, die Kerne mit einem Löffel herauskratzen, in eine Schüssel geben und beiseitestellen.

- Im Wok oder in der Pfanne das Sonnenblumenöl erhitzen und die Senfsamen bei mittlerer Temperatur erwärmen, bis sie platzen. Dann Chilipulver, Kreuzkümmelsamen, Sesamsamen und Curryblätter zugeben und unter Rühren 30 Sekunden erhitzen.

- Die gemahlenen Gewürze und die Kartoffeln hinzufügen und gut würzen. Bei großer Hitze das Ganze unter Rühren 4–5 Minuten braten.

- Die Pfanne vom Herd nehmen und die Korianderblätter, die Granatapfelkerne und den Zitronensaft untermischen. Noch heiß in eine Schüssel füllen und servieren.

Kreuzkümmel-Curry-Kartoffeln In einem Topf 1 EL Sonnenblumenöl erhitzen, 1 gehackte Zwiebel zugeben und unter Rühren 1–2 Minuten braten. 2 TL Kreuzkümmelsamen, 1 TL schwarze Senfsamen, 2 TL gemahlenen Koriander, 1 TL gemahlenen Kreuzkümmel, 1 TL gemahlene Kurkuma, 1 TL Ingwerpaste und 1 TL Knoblauchpaste aus dem Asia-Handel hinzufügen und weitere 1–2 Minuten braten. 800 g geschälte und in 1 cm große Würfel geschnittene Kartoffeln, 4 reife gehackte Tomaten und 300 ml Gemüsebrühe in den Topf geben und aufkochen. Abschmecken und bei mittlerer Hitze 12–15 Minuten köcheln lassen, bis die Kartoffeln gar sind. Den Topf vom Herd nehmen und 1 Handvoll gehackte Korianderblätter unterrühren. Mit Reis oder Brot servieren.

Gebackene Kartoffelspalten Den Backofen auf 220 °C vorheizen. 1 kg Kartoffeln in Spalten schneiden und in kochendem Wasser 6–8 Minuten garen. Abgießen und in eine große Schüssel geben. 3 TL Kreuzkümmelsamen, 1 TL schwarze Senfsamen, 2 TL zerdrückte Koriandersamen, 1 EL scharfes Currypulver und 6 EL Sonnenblumenöl mit etwas Meersalz mischen und über die Kartoffeln träufeln. Die Kartoffelspalten auf einem Backblech verteilen und im Backofen 20–25 Minuten garen. Mit einem frischen Kräuterquark und einem Salat servieren.

Würziger Rotkohl-Karotten-Salat

Für 4 Personen

3 große Karotten, geputzt

½ kleiner Rotkohl (250–300 g)

Saft von 2 Zitronen

1 EL feiner Zucker

1 EL Olivenöl

1 TL Nigellasamen (schwarze Zwiebelsamen)

1 TL zerdrückte Koriandersamen

1 grüne Chili, entkernt und fein gehackt

Salz

- Die Karotten grob reiben oder mithilfe einer Gemüsemandoline in dünne Scheiben hobeln. Den Rotkohl ebenfalls grob reiben und zu den Karotten geben.

- Die restlichen Zutaten in einer kleinen Schüssel mischen, mit Salz würzen. Das Dressing über den Rotkohl und die Karotten gießen, die Zutaten gut vermischen und bei Zimmertemperatur servieren.

Gebratenes Kohl-Karotten-Gemüse Im Wok 2 EL Sonnenblumenöl erhitzen, 2 in Scheiben geschnittene rote Zwiebeln zugeben und bei mittlerer Hitze in 6–8 Minuten weich dünsten. Bei hoher Temperatur 2 gehackte Knoblauchzehen, 1 entkernte und klein geschnittene grüne Chili, 1 TL Kreuzkümmelsamen und 1 TL mittelscharfes Currypulver einrühren und 1–2 Minuten unter Rühren braten. 300 g gehobelten Rotkohl und 2 geputzte, grob geraspelte Karotten hinzufügen, 6–8 Minuten braten. Abschmecken und mit Papadams (indische dünne Fladen aus Linsenmehl) und Joghurt servieren.

Rotkohl-Karotten-Topf Den Backofen auf 200 °C vorheizen. 1 großen Rotkohl in 8 Spalten schneiden und in einen Bräter legen. 4 geputzte und grob gehackte Karotten zugeben. 2 EL Sonnenblumenöl, 2 fein gehackte Knoblauchzehen, 1 TL fein geriebene frische Ingwerwurzel, 1 entkernte und fein gehackte grüne Chili, 1 EL mittelscharfes Currypulver und 3 EL Sherryessig vermischen und mit Salz und Pfeffer würzen. Das Gemüse gleichmäßig damit beträufeln. Den Bräter mit Deckel in den Backofen stellen und bei 20–25 Minuten backen, bis das Gemüse gar ist. Sofort mit Naturreis oder Brot servieren.

Karotteneintopf mit grünen Bohnen

Für 4 Personen

1 EL Sonnenblumenöl

1 Zwiebel, in Scheiben geschnitten

1–2 scharfe grüne Chilis, entkernt und klein geschnitten

1 Knoblauchzehe, zerdrückt

5–6 frische Curryblätter

1 EL mittelscharfes Currypulver

¼ TL gemahlene Kurkuma

½ TL Fenchelsamen

2 Karotten, geputzt und in Stifte geschnitten

450 g grüne Bohnen, geputzt und halbiert

400 ml Kokosmilch

Saft von 1 Limette

Salz und frisch gemahlener Pfeffer

- In einem Topf das Sonnenblumenöl erhitzen. Zwiebeln, Chilis, Knoblauch und Curryblätter zugeben und bei mittlerer Hitze in 6–8 Minuten weich dünsten, gelegentlich umrühren. Mit Currypulver, Kurkuma und Fenchelsamen bestreuen und mit Salz und Pfeffer würzen.

- Die Karotten und die Bohnen hinzufügen und unter Rühren 3–4 Minuten mitbraten. Bei schwacher Temperatur die Kokosmilch einrühren und das Ganze 10–12 Minuten köcheln lassen, bis das Gemüse gar ist.

- Den Topf vom Herd ziehen und den Limettensaft einrühren. Auf vorgewärmten tiefen Tellern anrichten und dazu Reis oder Brot servieren.

Karotten-Bohnen-Salat 300 g geputzte und halbierte grüne Bohnen in Salzwasser in 2–3 Minuten weich garen. Abgießen und in eine Salatschüssel geben. 3 geputzte und grob geriebene Karotten hinzufügen. In einer Pfanne 4 EL Olivenöl erhitzen, je 2 TL schwarze Senf- und Kreuzkümmelsamen, 1 entkernte und gehackte grüne Chili, 1 TL Koriandersamen und 6–8 frische Curryblätter zugeben und bei mittlerer Temperatur erhitzen, bis die Samen platzen. Mit dem Gemüse mischen, würzen und servieren.

Karottensuppe mit grünen Bohnen In einem Topf 1 EL Butter und 1 EL Sonnenblumenöl erhitzen, 1 fein gehackte Zwiebel, 1 gehackte Knoblauchzehe, 1 TL fein geriebene frische Ingwerwurzel und 1 EL mildes Currypulver zugeben und unter Rühren 1–2 Minuten braten. 3 geputzte und fein gehackte Karotten, 200 g geputzte und gehackte grüne Bohnen und 800 ml Gemüsebrühe hinzufügen und aufkochen. Bei mittlerer Hitze anschließend 12–15 Minuten köcheln lassen. Den Topf vom Herd nehmen und die Mischung mit einem Stabmixer fein pürieren. Die Suppe abschmecken, dann 200 g Sahne unterrühren und mit knusprigem Brot servieren.

Kichererbseneintopf mit Pilzen und Blumenkohl

Für 4 Personen

2 EL Sonnenblumenöl

8 Frühlingszwiebeln, in 5 cm lange
  Stücke geschnitten

2 TL geriebener Knoblauch

2 TL gemahlener Ingwer

2 EL scharfes Currypulver

200 g kleine Champignons

300 g Blumenkohlröschen

2 rote Paprika, gewürfelt

1 Dose gehackte Tomaten (400 g)

220 g Kichererbsen aus der Dose,
  abgespült und abgetropft

3–4 EL Naturjoghurt

Salz und frisch gemahlener Pfeffer

1 Handvoll gehackte Minzeblätter zum
  Garnieren

- In einer Pfanne das Sonnenblumenöl erhitzen, die Frühlingszwiebeln bei mittlerer Temperatur 1–2 Minuten darin braten, dann Knoblauch, Ingwer und Curry zugeben und unter Rühren 30 Sekunden mitbraten. Die Pilze, den Blumenkohl und die rote Paprika hinzufügen und weitere 2–3 Minuten braten.

- Die Tomaten zugeben und aufkochen. Bei mittlerer Hitze offen 10–15 Minuten köcheln lassen, gelegentlich umrühren. Die Kichererbsen ergänzen, abschmecken und erneut aufkochen.

- Auf vorgewärmten Tellern anrichten, jeweils einen Klecks Joghurt hinzufügen und mit Minzeblättern bestreuen. Dazu warmes indisches Naanbrot oder Reis reichen.

---

1 Kichererbensuppe mit Pilzen 1 EL Butter in einem Topf erhitzen, 2 klein geschnittene Frühlingszwiebeln und 1 EL mildes Currypulver darin 30 Sekunden anrösten. 200 g klein geschnittene Champignons zugeben und mitbraten. Mit 2 EL Mehl bestäuben und mit 800 ml Gemüsebrühe ablöschen. 10 Minuten unter gelegentlichem Rühren köcheln lassen. Mit dem Stabmixer pürieren. Mit Salz, Pfeffer und Muskatnuss würzen und mit 100 g Sahne verfeinern. 220 g Kichererbsen aus der Dose (abgespült und abgetropft) hinzufügen. Aufkochen lassen, dann bei mittlerer Temperatur in einigen Minuten erhitzen. Mit Brot servieren.

2 Kichererbsenreis mit Blumenkohl und Pilzen Im Wok 2 EL Sonnenblumenöl erhitzen, 1 gehackte Zwiebel, 1 gehackte rote Chili, 100 g Champignons, 1 EL Currypulver, 100 g kleine Blumenkohlröschen, 100 g Kichererbsen aus der Dose (abgespült und abgetropft), 1 TL Ingwerpaste und 1 TL Knoblauchpaste aus dem Asia-Handel zugeben und unter Rühren auf höchster Stufe 6–8 Minuten erhitzen. 500 g gegarten Basmatireis einrühren und weitere 3–4 Minuten erhitzen, abschmecken und sofort servieren.

Frischkäsecurry mit Spinat und Tomaten

Für 4 Personen

500 g Spinatblätter

3 EL Butter

2 TL Kreuzkümmelsamen

1 rote Chili, entkernt und fein gehackt

1 Zwiebel, sehr fein gehackt

2 Pflaumentomaten, fein gehackt

2 TL fein geriebener Knoblauch

1 EL fein geriebene frische Ingwerwurzel

1 TL Chilipulver

1 TL gemahlener Koriander

250 g Panir (indischer Frischkäse), in
   mundgerechte Stücke geschnitten

2 EL Sahne

Saft von ½ Zitrone

2 EL fein gehackte Korianderblätter

Salz und frisch gemahlener Pfeffer

- Den Spinat in kochendem Wasser 2–3 Minuten köcheln lassen, dann gut abgießen. In eine Küchenmaschine geben und zu einem glatten Püree verarbeiten.

- Im Wok oder in der Pfanne die Butter erhitzen, Kreuzkümmelsamen, rote Chili und Zwiebeln unter Rühren bei mittlerer Temperatur 6–8 Minuten darin braten, bis die Zwiebeln weich sind. Die Tomaten, Knoblauch, Ingwer, Chilipulver und Koriander zugeben und mit Salz und Pfeffer würzen. 2–3 Minuten erhitzen.

- Die Panirwürfel hinzufügen und 1–2 Minuten bei großer Hitze braten, dann das Spinatpüree unterrühren und weitere 4–5 Minuten gut erhitzen.

- Den Wok vom Herd nehmen und die Sahne, den Zitronensaft und die Korianderblätter unterrühren. In vorgewärmten tiefen Tellern anrichten und dazu warme Fladenbrote reichen.

---

1 **Spinat-Tomaten-Salat mit Frischkäse** 80 g junge Spinatblätter und 400 g halbierte Kirschtomaten in eine Salatschüssel geben. 400 g Frischkäse, 1 TL Ingwerpaste, 1 TL Knoblauchpaste aus dem Asia-Handel, 1 TL Chilipaste und 2 TL geröstete Kreuzkümmelsamen verrühren, salzen und pfeffern. Mit dem Spinat und den Tomaten vermischen. Dazu knuspriges Brot oder warmes Baguette reichen.

2 **Spinat-Tomaten-Suppe mit Crème fraîche** In einem Topf 1 EL Butter und 1 EL Olivenöl erhitzen, 1 gehackte rote Zwiebel, 3 gehackte Knoblauchzehen, 1 TL fein geriebene frische Ingwerwurzel, 1 entkernte und gehackte rote Chili, 2 TL Kreuzkümmelsamen und 2 TL mildes Currypulver zugeben und unter Rühren 2–3 Minuten braten. 6 gehackte Pflaumentomaten und 700 ml Gemüsebrühe hinzufügen und aufkochen. Offen bei großer Hitze 6–8 Minuten köcheln lassen. 100 g gehackte Spinatblätter zugeben und erneut aufkochen. Den Topf vom Herd nehmen und die Suppe mit dem Stabmixer fein pürieren. Abschmecken, dann in Suppentassen füllen und mit einem Klecks Crème fraîche servieren.

Kartoffelcurry mit Karotten und Erbsen

Für 4 Personen

4 TL Sonnenblumenöl

2 Kartoffeln, geschält und in 2,5 cm
   große Stücke geschnitten

2 große Karotten, geputzt und in
   2,5 cm lange Stücke geschnitten

1 Dose gehackte Tomaten (400 g)

200 g Erbsen aus der Dose

Salz

Für die Würzpaste

2 TL Sonnenblumenöl

3 ganze Nelken

2 Zimtstangen

2 TL weiße Mohnsamen (Asia-Handel)

2 TL schwarze Pfefferkörner

4 getrocknete rote Chilis

75 g Kokosraspel, leicht geröstet

4 Knoblauchzehen, grob gehackt

2 Zwiebeln, grob gehackt

- Für die Würzpaste in einer kleinen Pfanne 2 TL Sonnenblumenöl bei mittlerer Temperatur erhitzen. Nelken, Zimtstangen, Mohnsamen, Pfefferkörner und getrocknete Chilis zugeben und 1–2 Minuten braten. Mit Kokosraspeln, Knoblauch und Zwiebeln in der Küchenmaschine zu einer groben Paste verarbeiten.

- In einem Topf 4 TL Sonnenblumenöl erhitzen, die Kartoffeln und die Karotten zugeben und zugedeckt bei mittlerer Hitze 2 Minuten andünsten. Die Gewürzpaste und die gehackten Tomaten einrühren und mit Salz würzen.

- Zugedeckt weitere 15–20 Minuten köcheln lassen. 5 Minuten vor Garende die Erbsen hinzufügen.

- In vorgewärmte Schalen füllen und mit kleinen indischen Naanbroten servieren.

 Erbsen-Karotten-Kartoffel-Gemüse aus dem Wok Im Wok 2 EL Olivenöl erhitzen und 2 TL schwarze Senfsamen bei großer Hitze so lange rösten, bis sie platzen. 2 TL Kreuzkümmelsamen, 1 TL gemahlenen Kreuzkümmel, 1 TL gemahlenen Koriander, 2 TL scharfes Currypulver, 300 g geschälte und klein gewürfelte Kartoffeln und 300 g klein gehackte Karotten zugeben und 7-10 Minuten garen. 5 Minuten vor Garende 300 g Erbsen aus der Dose zugeben. Den Saft von 1 Zitrone unterrühren und servieren.

 Kartoffel-Frittata mit Erbsen und Karotten In einer ofenfesten Pfanne 2 EL Sonnenblumenöl erhitzen, 1 gehackte Zwiebel, 2 TL Kreuzkümmelsamen, 1 EL scharfes Currypulver, 300 g geschälte und gewürfelte Kartoffeln und 200 g gewürfelte Karotten zugeben und bei großer Hitze unter Rühren 7–10 Minuten braten. 5 Minuten vor Garende 200 g Erbsen aus der Dose hinzufügen. In der Zwischenzeit den Backofengrill auf mittlerer Stufe vorheizen. 6 Eier verquirlen, würzen und in die Pfanne gießen. 5–8 Minuten stocken lassen, dann unter dem Grill in 3–4 Minuten fest werden lassen. Mit einem knackigen grünen Salat servieren.

Stangenbohnen auf chinesische Art

Für 4 Personen

600 g junge Stangenbohnen, geputzt
und in mundgerechte Stücke geschnitten

3 EL Sonnenblumenöl

1 TL gemahlene Kurkuma

Salz

Für die Chilipaste

2 rote Chilis, entkernt und grob gehackt

4 Schalotten, grob gehackt

2 Knoblauchzehen, fein gehackt

2 TL fein geriebene frische Ingwerwurzel

4 EL helle Sojasauce

- Die Bohnen in leicht gesalzenem Wasser in 3–4 Minuten gar kochen. Abgießen und beiseitestellen.

- Für die Chilipaste alle Zutaten in eine Küchenmaschine geben und
zu einer glatten Mischung verarbeiten. Ist die Paste zu zähflüssig,
ggf. etwas Wasser unterrühren.

- In einem Wok das Sonnenblumenöl erhitzen, die Chilipaste einrühren und bei mittlerer Hitze 2–3 Minuten braten. Die Bohnen und
Kurkuma zugeben, mit Salz würzen und weitere 2–3 Minuten braten. Sofort servieren. Dazu gebratenen Reis mit Ei reichen.

Stangenbohnen mit gebratenem Eierreis

In einer Pfanne 2 EL Sonnenblumenöl erhitzen, 300 g in feine Scheiben
geschnittene Stangenbohnen zugeben und bei großer Hitze 1–2 Minuten braten. 500 g vorgegarten Reis
und 6 verquirlte Eier hinzufügen und
unter Rühren weiterbraten, bis das
Ei gestockt ist. Mit 1 EL scharfer Chilisauce, 2 EL süßer Chilisauce und
2 EL heller Sojasauce würzen. Noch
einmal heiß werden lassen und sofort servieren.

Stangenbohnenpilaw mit Chili

In einem
Topf 2 EL Sonnenblumenöl erhitzen,
6 gehackte Schalotten bei mittlerer
Hitze 3–4 Minuten unter Rühren darin braten. 2 TL Kreuzkümmelsamen,
1 Zimtstange, 1 Lorbeerblatt, 6 grüne
Kardamomkapseln, 10 Pfefferkörner,
4 Nelken und 4 getrocknete rote Chilis zugeben und 1–2 Minuten mitbraten. Je 400 g Basmatireis und in
Streifen geschnittene Stangenbohnen unterrühren, dann 800 ml Gemüsebrühe zugießen und das Ganze

aufkochen lassen. Zugedeckt bei
schwacher Hitze 15–20 Minuten köcheln lassen, bis der Reis gar ist. Vor
dem Servieren einige Minuten ruhen
lassen. Dazu Pickles und Papadams
(indische dünne Fladen aus Linsenmehl) reichen.

Pilz-Tomaten-Curry

Für 4 Personen

5 EL Sonnenblumenöl

500 g braune Champignons, halbiert oder in dicke Scheiben geschnitten

100 g Sahne

2 reife Pflaumentomaten, fein gehackt

6 EL fein gehackte Korianderblätter

Salz und frisch gemahlener Pfeffer

Für die Würzpaste

4 Knoblauchzehen, fein gehackt

2 TL fein geriebene frische Ingwerwurzel

1 Zwiebel, fein gehackt

1 EL mittelscharfes Currypulver

- Für die Würzpaste in einer Küchenmaschine die Zutaten mit 3 EL Wasser zu einer feinen Mischung verarbeiten.

- Im Wok 3 EL Sonnenblumenöl erhitzen, die Pilze zugeben und unter Rühren bei großer Hitze 4–5 Minuten braten. Die Pilze in eine Schüssel geben und den Wok mit Küchenkrepp auswischen.

- Das restliche Öl im Wok erhitzen, die Würzpaste hinzufügen und unter Rühren bei mittlerer Hitze 3–4 Minuten braten, dann die Pilze wieder in den Wok geben. Die Sahne und die Tomaten zugeben und 3–4 Minuten unter Rühren erhitzen. Gut würzen.

- Den Wok vom Herd nehmen, die Korianderblätter unterrühren und das Curry sofort mit Reis servieren.

Gebratene Pilze mit Tomaten Im Wok oder in der Pfanne 2 EL Sonnenblumenöl erhitzen, 500 g in Scheiben geschnittene große braune Champignons, 1 EL scharfes Currypulver sowie je 1 TL Ingwer- und Knoblauchpaste aus dem Asia-Handel zugeben und bei großer Hitze 4–5 Minuten braten. 100 g Sahne und 2 gehackte Tomaten hinzufügen und weitere 2–3 Minuten erhitzen. Mit 1 Handvoll gehackten Korianderblättern bestreut zu Reis servieren.

Pikanter Tomaten-Champignon-Reis In einem Topf 2 EL Sonnenblumenöl erhitzen, 1 gehackte Zwiebel, 1 TL Knoblauchpaste aus dem Asia-Handel, 1 EL scharfes Currypulver, 500 g gehackte Pilze und 2 gehackte Tomaten zugeben und in 1–2 Minuten weich braten. 400 g Basmatireis einrühren und 800 ml Gemüsebrühe zugießen. Aufkochen, mit Salz und Pfeffer würzen und zugedeckt bei schwacher Hitze 15–20 Minuten köcheln lassen, bis der Reis gar ist. Vor dem Servieren einige Minuten ruhen lassen.

Indonesische Kokos-Okraschoten

Für 4 Personen

2 EL Sonnenblumenöl
1 Zwiebel, fein gehackt
1 EL schwarze Senfsamen
1 EL Kreuzkümmelsamen
2–3 getrocknete rote Chilis
10–12 frische Curryblätter
600 g Okraschoten (Feinkosthandel),
  in schräge 1,5 cm lange Stücke
  geschnitten
1 TL gemahlene Kurkuma
100 g Kokosmark, frisch gerieben
Salz und frisch gemahlener Pfeffer

- Im Wok oder in der Pfanne das Sonnenblumenöl erhitzen und die Zwiebeln unter Rühren bei mittlerer Hitze in 5–6 Minuten darin weich braten.

- Die Temperatur erhöhen und die Senfsamen so lange rösten, bis sie platzen. Kreuzkümmelsamen, getrocknete Chilis und Curryblätter zugeben und noch einmal 2 Minuten braten.

- Die Okra und die Kurkuma einrühren und weitere 3–4 Minuten unter Rühren braten, dann mit Salz und Pfeffer abschmecken.

- Auf vorgewärmten Tellern anrichten und mit Kokosmark bestreuen. Sofort mit Reis servieren.

Kokossuppe mit frittierten Okraschoten

In einen Topf 600 ml Gemüsebrühe, 400 ml Kokosmilch und 1 EL milde Currypaste aufkochen. Mit Salz und Pfeffer würzen und bei mittlerer Hitze 4–5 Minuten köcheln lassen. Einen Wok zu einem Viertel mit Sonnenblumenöl füllen und auf 180–190 °C erhitzen. 8 in feine Scheiben geschnittene Okraschoten aus dem Feinkosthandel jeweils in 1 Minute darin knusprig frittieren. Mit einem Schaumlöffel herausnehmen und auf Küchenpapier abtropfen lassen. Zum Servieren die Suppe in warme Teller füllen und mit den Okras bestreuen.

Kokos-Okraschoten-Reis

In einem Topf 2 EL Sonnenblumenöl erhitzen, 1 EL schwarze Senfsamen bei mittlerer Hitze darin rösten, bis sie platzen. Dann 1 fein gehackte Zwiebel, 2 TL Kreuzkümmelsamen, 2 getrocknete rote Chilis und 10 frische Curryblätter zugeben und unter Rühren 3–4 Minuten braten, bis die Zwiebeln weich sind. 400 g Basmatireis und 300 g in dicke Scheiben geschnittene Okraschoten aus dem Feinkosthandel einrühren. Dann 400 ml Kokosmilch und 400 ml Gemüsebrühe zugießen und das Ganze aufkochen. Zugedeckt bei schwacher Hitze 15–20 Minuten köcheln lassen, bis der Reis weich ist. Vor dem Servieren einige Minuten ruhen lassen.

Curry mit Kürbis und Paprika

Für 4 Personen

2 EL Sonnenblumenöl

1 rote Zwiebel, in feine Scheiben geschnitten

2 Knoblauchzehen, zerdrückt

1 TL fein geriebene frische Ingwerwurzel

3 EL rote Currypaste

800 g Butternusskürbis, geschält, entkernt und in mundgerechte Stücke geschnitten

2 rote Paprika, in mundgerechte Stücke geschnitten

400 ml Kokosmilch

6 Kaffirlimettenblätter (Feinkosthandel)

2 TL feiner Zucker

3 Zitronengrasstängel, zerdrückt

50 g Erdnüsse

1 Handvoll gehackte Thai-Basilikumblätter

- Im Wok oder in der Pfanne das Sonnenblumenöl erhitzen und die Zwiebeln, den Knoblauch und den Ingwer unter Rühren bei mittlerer Hitze 1–2 Minuten darin weich braten. Die Currypaste, den Kürbis und die rote Paprika zugeben und weitere 2–3 Minuten unter Rühren braten.

- Die Kokosmilch und 200 ml Wasser zugießen und die Limettenblätter, Zucker und Zitronengras hinzufügen. Aufkochen, dann bei schwacher Hitze offen 15–10 Minuten köcheln lassen, ab und zu umrühren. Nach Geschmack würzen.

- In der Zwischenzeit eine Pfanne erhitzen und die Erdnüsse darin 3–4 Minuten trocken rösten. Abkühlen lassen, dann grob hacken.

- Das Curry in tiefen Tellern anrichten, mit Thai-Basilikum und Erdnüssen bestreuen. Mit Jasminrei servieren.

Kürbissuppe mit roter Paprika In einem Topf 1 EL Sonnenblumenöl erhitzen, 2 gewürfelte Zwiebeln, 2 klein geschnittene Kartoffeln und 500 g geschälten und gewürfelten Butternusskürbis 1–2 Minuten anbraten. Mit 400 ml Kokosmilch und 400 ml Gemüsebrühe ablöschen. 1 EL milde Currypaste und 1 TL Zitronengraspaste aus dem Asia-Handel einrühren und das Ganze 10–15 Minuten weich kochen. In der Zwischenzeit in einer kleinen Pfanne 1 fein gehackte rote Paprika 3–4 Minuten dünsten. Die Kürbis-Kartoffel-Mischung fein pürieren. Die Paprikawürfel über die fertige Suppe streuen und mit warmen Brötchen servieren.

Kürbis-Paprika-Gemüse aus dem Ofen
Den Backofen auf 220 °C vorheizen. 600 g geschälten und in 1,5 cm große Würfel geschnittenen Butternusskürbis und 2 klein geschnittene rote Paprika in eine Auflaufform legen. 6 EL Sonnenblumenöl, 1 EL milde Currypaste, 1 TL Zitronengraspaste aus dem Asia-Handel und 200 g Kokoscreme verrühren und über das Gemüse gießen. Mit Salz und Pfeffer würzen. Im Backofen 15 Minuten garen. Mit Reis oder warmen Fladenbroten servieren.

Orientalisches Zucchini-Tomaten-Curry

Für 4 Personen

2 EL Olivenöl

2 Zwiebeln, fein geschnitten

4 Zucchini, in 1 cm große Würfel geschnitten

2 Dosen geschälte Tomaten (je 400 g)

2 Knoblauchzehen, zerdrückt

1 TL mildes Chilipulver

¼ TL gemahlene Kurkuma

2 TL gehackte Minzeblätter zzgl. Minzeblätter zum Garnieren

Salz und frisch gemahlener Pfeffer

• In einem Topf das Olivenöl erhitzen, die Zwiebeln bei mittlerer Temperatur in 6–8 Minuten darin weich dünsten. Die Zucchini hinzufügen und unter gelegentlichem Rühren in 5–6 Minuten weich garen.

• Die Tomaten und den Knoblauch zugeben und die Sauce in 10–12 Minuten dick einkochen lassen. Chilipulver, Kurkuma und Minzeblätter einrühren und weitere 2–3 Minuten köcheln lassen. Gut würzen.

• In vorgewärmten tiefen Tellern anrichten und mit gehackten Minzeblättern bestreut servieren.

---

1 **Zucchini-Tomaten-Salat mit Minze** 2 große Zucchini grob raspeln und in eine Salatschüssel geben. 6 fein gewürfelte Tomaten und 1 Handvoll gehackte Minzeblätter hinzufügen. 6 EL extra natives Olivenöl, 1 TL mildes Chilipulver, 1 TL Knoblauchpaste aus dem Asia-Handel, 2 TL flüssiger Honig und den Saft von 2 Zitronen verrühren und mit den Salatzutaten vermischen. Sofort servieren.

 **Gegrillte Zucchini mit Tomaten** 3 große Zucchini längs in dünne Scheiben schneiden, mit Olivenöl bestreichen und mit 2 TL mildem Curry bestreuen. In einer heißen Grillpfanne portionsweise von jeder Seite 2–3 Minuten braten. Nebeneinander auf einen Servierteller legen. Mit 4 fein gewürfelten Pflaumentomaten und 1 Handvoll gehackten Minzeblättern bestreuen und mit dem Saft von

2 Zitronen und 3 EL extra nativem Olivenöl beträufeln. Dazu warmes Pitabrot servieren.

Frittierte Auberginen

Für 4 Personen

600 g kleine Auberginen

2 EL Currypulver

500 ml Sonnenblumenöl zum
  Frittieren

Salz

1 Handvoll gehackte Minzeblätter zum
  Garnieren

1 TL Chilipulver zum Garnieren

- Die Auberginen in dünne Scheiben schneiden und mit dem Curry-pulver und etwas Salz in einer Schüssel mischen.

- Einen kleinen, tiefen Topf mit dem Sonnenblumenöl füllen und auf 180–190 °C erhitzen. Das Öl ist heiß genug, wenn ein kleiner Brot-würfel in 30 Sekunden braun wird. Auberginen portionsweise in 1–2 Minuten darin knusprig frittieren. Auf Küchenpapier abtropfen lassen.

- Die Auberginen auf einem großen Servierteller anrichten, mit ge-hackten Minzeblättern und Chili bestreuen und sofort mit Zitronen-spalten servieren.

Auberginenpilaw In einem Topf 2 EL Son-nenblumenöl erhitzen, 1 fein gehack-te Zwiebel bei mittlerer Hitze 4–5 Mi-nuten darin braten. 2 TL Kreuz-kümmelsamen und 1 TL schwarze Senfsamen einrühren und 40–50 Se-kunden mitbraten. 300 g Basmatireis einrühren und würzen. 600 ml Ge-müsebrühe zugießen und aufkochen. Zugedeckt bei schwacher Hitze 12–15 Minuten köcheln lassen, bis die Flüssigkeit vollständig aufgenommen wurde. 600 g Auberginen in 1 cm große Würfel schneiden und in einer Pfanne in 2 EL Öl in 6–8 Minuten weich braten. 1 EL scharfes Curry-pulver einrühren und 1–2 Minuten weiterbraten. Mit Salz und Pfeffer würzen. Die Auberginen zum Reis geben und 1 Handvoll gehackte Min-zeblätter unterrühren.

Scharfe Chili-Baby-Auberginen 2 ge-hackte rote Chilis, 1 EL fein geriebe-ne frische Ingwerwurzel, 4 geriebene Knoblauchzehen und 400 g gehackte Tomaten zu einer glatten Mischung verarbeiten. In einer tiefen Pfanne 250 ml Sonnenblumenöl erhitzen und 750 g Baby-Auberginenhälften 2–3 Minuten darin braten. Auf Kü-chenpapier abtropfen lassen. In einer zweiten Pfanne je 2 TL Fenchel- und Nigellasamen (schwarze Zwiebelsa-men) 1 Minute erhitzen. Die pürierte Mischung in die tiefe Pfanne geben, dann 1 EL gemahlenen Koriander, 1 TL Paprikapulver und ¼ TL ge-mahlene Kurkuma einrühren. Mit Salz und Pfeffer würzen und bei mitt-lerer Hitze 5 Minuten köcheln lassen, bis das Ganze eindickt. Häufig rüh-ren. Die Auberginen zu der Mischung in die Pfanne geben und 10 Minuten darin erhitzen. Vor dem Servieren je-weils 1 Handvoll gehackte Koriander-blätter und gehackte Minzeblätter einrühren.

Okraschoten-Kokos-Gemüse

Für 4 Personen

2 EL Sonnenblumenöl

6–8 frische Curryblätter

2 TL schwarze Senfsamen

1 Zwiebel, fein gehackt

2 TL gemahlener Kreuzkümmel

1 TL gemahlener Koriander

2 TL scharfes Currypulver

1 TL gemahlene Kurkuma

3 Knoblauchzehen, fein gehackt

500 g Okraschoten (Feinkosthandel), geputzt und schräg in 2,5 cm große Stücke geschnitten

2 reife Pflaumentomaten, gehackt

Salz und frisch gemahlener Pfeffer

3 EL frisch geriebenes Kokosmark zum Garnieren

- Im Wok oder in der Pfanne das Sonnenblumenöl erhitzen und Curryblätter, Senfsamen und Zwiebeln unter Rühren bei mittlerer Hitze 3–4 Minuten darin braten. Kreuzkümmel, gemahlenen Koriander, Curry und Kurkuma einrühren und weitere 30 Sekunden erhitzen.

- Den Knoblauch und die Okraschoten hinzufügen und bei großer Hitze 2–3 Minuten braten. Die Tomaten zugeben und mit Salz und Pfeffer würzen. Zugedeckt bei schwacher Temperatur 10–12 Minuten braten, gelegentlich umrühren.

- Den Wok oder die Pfanne vom Herd ziehen und das Ganze mit Kokosmark bestreuen. Auf vorgewärmten tiefen Tellern oder in Schalen servieren.

Frittierte Okraschoten mit Kokos

Einen Wok mit 500 ml Sonnenblumenöl füllen und auf 180–190 °C erhitzen. Das Öl ist heiß genug, wenn ein Brotwürfel in 30 Sekunden braun wird. 500 g in Scheiben geschnittene Okraschoten aus dem Feinkosthandel mit 2 TL Speisestärke, je 2 TL gemahlenem Kreuzkümmel und scharfem Chilipulver sowie 1 TL gemahlenem Koriander mischen. Die Okra portionsweise in 1–2 Minuten knusprig frittieren. Auf Küchenpapier abtropfen lassen. Mit 4 EL frisch geriebenem Kokosmark und Salz bestreuen und mit Reis oder Naturjoghurt servieren.

Okraschotencurry mit Tomaten und Kokos

In einem Topf 2 EL Sonnenblumenöl erhitzen, 1 gehackte Zwiebel bei mittlerer Hitze unter Rühren in 4–5 Minuten darin weich braten. 400 g gehackte Tomaten und 2 EL scharfes Currypulver einrühren und bei großer Hitze 4–5 Minuten braten. 400 ml Kokosmilch zugießen und aufkochen. 500 g in 2 cm große Stücke geschnittene Okraschoten aus dem Feinkosthandel hinzufügen und bei mittlerer Hitze zugedeckt 10–12 Minuten köcheln lassen. Würzen und mit Reis und warmen indischen Naanbroten servieren.

Tofu mit Pak Choi und Frühlings-zwiebeln

Für 4 Personen

2 EL Sonnenblumenöl

2 TL fein geriebene frische Ingwerwurzel

8 Knoblauchzehen, grob gehackt

4 Schalotten, fein gehackt

2 rote Chilis, entkernt und gehackt

8 cm Zitronengras, fein gehackt

1 TL gemahlene Kurkuma

400 ml Kokosmilch

200 ml Gemüsebrühe

400 g Pak Choi, geviertelt

200 g Zuckerschoten

400 g fester Tofu, gewürfelt

1 EL dunkle Sojasauce

1 EL Limettensaft

6 Frühlingszwiebeln, in dünne Scheiben geschnitten

Salz und frisch gemahlener Pfeffer

1 Handvoll Thai-Basilikumblätter
und in Scheiben geschnittene
rote Chilis zum Garnieren

- In einer Küchenmaschine das Sonnenblumenöl sowie Ingwer, Knoblauch, Schalotten, rote Chilis, Zitronengras, Kurkuma und die Hälfte
der Kokosmilch glatt pürieren.

- Einen Wok oder eine Pfanne erhitzen, die Kokosmilchmischung
zugeben und bei großer Hitze 3–4 Minuten köcheln lassen. Die
restliche Kokosmilch und die Brühe zugießen, aufkochen und dann
bei schwacher Hitze offen 6–8 Minuten köcheln lassen.

- Den Pak Choi, die Zuckerschoten und den Tofu hinzufügen und
weitere 6–7 Minuten kochen. Die Sojasauce und den Limettensaft
einrühren, abschmecken und 1–2 Minuten weiter köcheln lassen.

- Den Wok oder die Pfanne vom Herd nehmen und die Frühlingszwiebeln unterrühren. In vorgewärmte Schalen füllen und mit Thai-Basilikum und roten Chilis bestreut servieren.

 **Japanischer Tofu mit Frühlingszwiebeln**

800 g festen Tofu in Würfel schneiden und in eine Schüssel geben.
1 EL Sesamöl, 2 EL Sonnenblumenöl, 1 EL Mirin (süßer Reiswein aus
dem Asia-Handel), 4 EL helle Sojasauce, 1 entkernte und gehackte rote
Chili und 1 TL Chilipulver mit 1 TL
Sesamsamen verrühren und mit dem
Tofu mischen. 8 Frühlingszwiebeln
klein schneiden und über die Mischung streuen.

 Tofu mit Frühlings-zwiebeln aus dem

Wok 300 g asiatische Eiernudeln
nach Packungsanleitung in reichlich
Salzwasser al dente garen. In der
Zwischenzeit in einem Wok 2 EL
Sonnenblumenöl erhitzen. 3 zerdrückte Knoblauchzehen und 1 TL
fein geriebene frische Ingwerwurzel
zugeben und bei großer Hitze
10–20 Sekunden darin braten. Zunächst 12 in dicke Scheiben geschnittene Frühlingszwiebeln und

dann 600 g gewürfelten festen Tofu
und 1 entkernte, gewürfelte rote Chili
zufügen. Das Ganze 4–5 Minuten
braten, bis der Tofu leicht gebräunt
ist. 100 ml Gemüsebrühe und 2 EL
dunkle Sojasauce zugeben und bei
mittlerer Hitze 6–8 Minuten köcheln
lassen, bis die Flüssigkeit vollständig
absorbiert ist. Die Eiernudeln untermischen und noch einmal 3–4 Minuten erhitzen. Sofort servieren.

Malaysischer Wok-Kohl mit Paprika

Für 4 Personen

1 EL Sonnenblumenöl

2 Knoblauchzehen, zerdrückt

2 TL mittelscharfes Currypulver

1 rote Paprika, fein gewürfelt

½ Weißkohl, fein geschnitten

3 Eier, verquirlt

Salz und frisch gemahlener Pfeffer

- In einem Wok das Sonnenblumenöl erhitzen. Knoblauch, Currypulver und die Paprika zugeben und unter Rühren bei mittlerer Hitze in 3–4 Minuten weich braten.

- Bei großer Hitze den Kohl untermischen, mit Salz und Pfeffer würzen und unter Rühren 5 Minuten braten. Der Kohl sollte jedoch noch leichten Biss haben.

- Die Eier zugeben und mit dem Gemüse mischen. Rühren, bis die Eiermischung gestockt und fest ist. Sofort mit Brot servieren.

Kohl-Paprika-Salat

½ fein geschnittenen Weißkohl und 200 g gewürfelte rote Paprika in eine Salatschüssel geben. 6 EL Sonnenblumenöl, 1 EL Essig, 1 EL Senf zu einem Dressing verrühren. Mit 1 TL Knoblauchpaste aus dem Asia-Handel sowie ½ TL mildem Currypulver mischen und mit Salz, Pfeffer und einer Prise Zucker abschmecken. Mit den Salatzutaten vermischen und sofort servieren.

Kohl-Paprika-Eintopf

In einem Topf 2 EL Sonnenblumenöl erhitzen, 2 in feine Scheiben geschnittene Zwiebeln bei mittlerer Hitze in 6–8 Minuten darin weich dünsten. 3 gehackte Knoblauchzehen, 1 entkernte und klein geschnittene rote Chili und 1 EL mildes Currypulver einrühren, dann 400 ml Gemüsebrühe und 400 ml Kokosmilch zugießen und aufkochen lassen. ½ In feine Streifen geschnittenen Weißkohl und 3 in dünne Scheiben geschnittene rote Paprika zugeben. Erneut aufkochen, dann bei mittlerer Hitze 12–15 Minuten köcheln lassen, bis das Gemüse gar ist. Gut würzen und mit Reis oder Brot servieren.

Spanisches Kartoffel-Tomaten-Gemüse

Für 4 Personen

800 g Kartoffeln, geschält und in
   kleine Würfel geschnitten
2 EL Olivenöl
1 Dose gehackte Tomaten (400 g)
1 kleine rote Zwiebel, fein gehackt
2 Knoblauchzehen, fein gehackt
1 TL getrocknete rote Chiliflocken
1 TL Cayennepfeffer
3 TL Paprikapulver edelsüß
1 Lorbeerblatt
1 TL brauner feiner Zucker
Salz und frisch gemahlener Pfeffer
1 EL fein gehackte glatte Petersilienblätter zum Garnieren

- Den Backofen auf 220 °C vorheizen. Die Kartoffeln in reichlich Salz-wasser in 10–12 Minuten gar kochen und gut abgießen.

- Ein Backblech mit Backpapier auslegen. Die Kartoffeln nebeneinan-der auf das Blech legen, mit Olivenöl beträufeln und würzen. Im Backofen in 10–12 Minuten leicht bräunen lassen.

- In der Zwischenzeit die Tomaten, rote Zwiebeln, Knoblauch, Chiliflo-cken und Cayennepfeffer in einen Topf geben und bei mittlerer Hitze 10 Minuten kochen lassen, gelegentlich umrühren. Das Paprikapul-ver, das Lorbeerblatt und den Zucker zugeben und weitere 4–5 Mi-nuten köcheln und eindicken lassen.

- Die Kartoffeln in eine vorgewärmte Servierschüssel geben, mit der würzigen Sauce übergießen und gut mischen. Mit gehackten Peter-silienblättern bestreut servieren. Dazu Brot reichen.

 Kartoffel-Tomaten-Ge-müse aus dem Wok
Im Wok oder in der Pfanne 2 EL Son-nenblumenöl erhitzen, 500 g klein gewürfelte Kartoffeln, 1 grob gehack-te Zwiebel, 1 TL getrocknete rote Chiliflocken, 1 EL Paprikapulver edel-süß und 2 gewürfelte Pflaumentoma-ten zugeben und bei großer Hitze un-ter Rühren 5–6 Minuten braten. Wür-zen. Mit einem grünen Salat und war-mem Brot servieren.

 **Warmer Kartoffel-To-maten-Salat** 800 g halbierte Salatkartoffeln oder kleine neue Kartoffeln in reichlich Salzwas-ser in 10–12 Minuten gar kochen. In der Zwischenzeit in einer Pfanne 6 EL Olivenöl erhitzen. 2 gehackte Knoblauchzehen, 1 grob gehackte Zwiebel, 1 TL getrocknete rote Chili-flocken und 1 TL Paprikapulver edel-süß zugeben und bei mittlerer Hitze 8–10 Minuten unter Rühren braten,

bis die Zwiebeln weich sind. Die Kar-toffeln abgießen und mit 4 gehackten Pflaumentomaten in eine Salat-schüssel geben. Die Zwiebelmi-schung und 1 Handvoll gehackte glatte Petersilienblätter hinzufügen und mit Salz und Pfeffer abschme-cken. Die Zutaten gut mischen und den Salat warm oder lauwarm ser-vieren.

Kürbiscurry Massaman

Für 4 Personen

2 EL Sonnenblumenöl

2 EL Thai-Massaman-Currypaste
  (Asia-Handel)

6 Schalotten, fein geschnitten

8 cm Zitronengras, fein gehackt

6 grüne Kardamomkapseln

2 TL schwarze Senfsamen

800 g Kürbisfleisch, in 2 cm große
  Stücke geschnitten

200 ml Gemüsebrühe

400 ml Kokosmilch

Saft von 1 Limette

1 Handvoll gehackte Thai-Basilikum-
  oder Minzeblätter und rote Chilistreifen zum Garnieren

- In einem Topf das Sonnenblumenöl erhitzen. Die Currypaste, Schalotten, Zitronengras, Kardamom und Senfsamen zugeben und bei
  mittlerer Hitze unter Rühren 1–2 Minuten braten.

- Das Kürbisfleisch sowie die Brühe und die Kokosmilch hinzufügen.
  Das Ganze aufkochen lassen. Bei mittlerer Hitze in 10–12 Minuten
  weich garen.

- Den Topf vom Herd nehmen und den Limettensaft einrühren. In
  vorgewärmte Schalen füllen, mit Thai-Basilikum oder Minzeblättern
  und roter Chili bestreuen und mit Limettenstücken servieren. Dazu
  Jasminreis reichen.

**Thai-Massaman-Ge-
müse aus dem Wok**
Im Wok 2 EL Sonnenblumenöl erhitzen. 500 g Mischgemüse (nach Belieben) und 2 EL Massaman-Curry-
paste aus dem Asia-Handel zugeben. Unter Rühren bei großer Hitze
2–3 Minuten braten. 200 ml Kokosmilch zugießen und weitere 5–7 Minuten köcheln, bis das Gemüse gar
ist, ggf. mit Salz und Pfeffer würzen.
Mit Reis oder Nudeln servieren.

**Ofengemüse mit Thai-
Massaman** Den Back-
ofen auf 200 °C vorheizen. 500 g geschälten Kürbis, 2 rote Paprika und
1 Aubergine in jeweils 2 cm große
Würfel schneiden und in eine große
Auflaufform legen. 2 EL Thai-Massaman-Currypaste aus dem Asia-Handel und 200 ml Kokosmilch verrühren, über das Gemüse gießen, salzen und gut vermischen. Im Backofen 20–25 Minuten backen. Mit gehackten Thai-Basilikumblättern oder
Minzeblättern bestreuen und mit
Reis servieren.

QuickHot & Spicy

Hülsenfrüchte, Saaten & Getreide

Rezepte nach Zubereitungszeit

10

Warmer Nudelsalat mit Sojabohnen

Für 4 Personen

250 g Sobanudeln (japanische Buchenweizennudeln aus dem Asia-Handel)

250 g ausgelöste tiefgekühlte Soja-bohnen (Asia-Handel oder Bio-laden)

6 Frühlingszwiebeln, schräg in dünne Scheiben geschnitten

2 EL Sesamsamen

1 EL fein geriebene frische Ingwer-wurzel

1 rote Chili, fein gehackt

1 EL geröstetes Sesamöl

3 EL Mirin (süßer Reiswein aus dem Asia-Handel)

3 EL helle Sojasauce

1 TL Honig

Salz

1 Handvoll gehackte Korianderblätter zum Garnieren

- Die Nudeln und die Sojabohnen in reichlich Salzwasser nach Packungsanleitung garen. Abgießen und abtropfen lassen. Zurück in den Topf geben und die Frühlingszwiebeln hinzufügen. Zugedeckt warm halten.

- Eine Pfanne erhitzen und die Sesamsamen bei mittlerer Hitze darin goldgelb rösten, herausnehmen und beiseitestellen.

- Den Ingwer in eine Schüssel geben. Die restlichen Zutaten unter-rühren. Das Dressing über die Nudeln gießen, alles gut vermischen und würzen.

- In vorgewärmten tiefen Tellern anrichten, mit dem Sesam und den Korianderblättern bestreuen und servieren.

Nudelsuppe mit Soja-bohnen 800 ml Gemü-sebrühe, 1 TL fein geriebene frische Ingwerwurzel, 1 gehackte rote Chili und 6 klein geschnittene Frühlings-zwiebeln in einen Topf geben und aufkochen lassen. 200 g ausgelöste tiefgefrorene Sojabohnen hinzufügen und nach Packungsangabe garen. 400 g vorgekochte Sobanudeln zu-geben. Erneut aufkochen lassen, würzen und mit gehackten Korian-derblättern bestreut und mit Sesamöl beträufelt servieren.

Reis mit Sojabohnen, Ingwer und Chili In einem Topf 2 EL Sonnenblumenöl erhitzen, 8 klein geschnittene Früh-lingszwiebeln, 2 TL fein geriebene frische Ingwerwurzel und 2 fein ge-hackte rote Chilis zugeben und unter Rühren bei schwacher Hitze 1–2 Mi-nuten dünsten. 250 g Basmatireis einrühren und weitere 1–2 Minuten köchcln lassen. 700 ml Gemüsebrü-he zugießen und 200 g ausgelöste tiefgekühlte Sojabohnen in den Topf geben und aufkochen. Zugedeckt bei schwacher Hitze 12–15 Minuten kö-cheln lassen, bis die Flüssigkeit ab-sorbiert ist. Den Topf vom Herd zie-hen und 10 Minuten ruhen lassen. Vor dem Servieren den Reis mit ei-ner Gabel auflockern. Mit 4 EL ge-rösteten Sesamsamen bestreut ser-vieren. Dazu nach Belieben japa-nische Pickles reichen.

Vietnamesischer Reis mit Hähnchen und Nuoc-Cham-Sauce

Für 4 Personen

350 g Langkornreis

850 ml Hühnerbrühe

400 g Hähnchenschenkelfleisch ohne Haut und Knochen, in mundgerechte Stücke geschnitten

6 Schalotten, fein gehackt

2 rote Chilis, in feine Scheiben geschnitten

2 TL fein geriebene frische Ingwerwurzel

1 Handvoll gehackte Minzeblätter

1 Handvoll gehackte Korianderblätter

8 Frühlingszwiebeln, klein geschnitten

Für die Nuoc-Cham-Sauce

2 Knoblauchzehen, gehackt

1 rote Chili, gehackt

1 Limette

3–4 EL Fischsauce

- Für die Sauce Knoblauch und Chili in einen Mörser geben und mit dem Stößel zu einer Paste verarbeiten. Die Limette auspressen, den Saft unter die Paste rühren. Dann das Fruchtfleisch herauslösen und ebenfalls untermischen. Die Fischsauce und 1–2 EL Wasser unterrühren.

- Den Reis in einen Topf geben, Brühe, Hähnchenfleisch, Schalotten, Chilis und Ingwer zugeben und aufkochen. Zugedeckt bei schwacher Hitze 12–15 Minuten köcheln lassen, bis die Flüssigkeit absorbiert ist und der Reis und das Fleisch gar sind.

- Den Topf vom Herd nehmen und die Kräuter und die Frühlingszwiebeln unterrühren. Abgedeckt einige Minuten ruhen lassen.

- Auf vorgewärmten Tellern anrichten. Die Sauce über den Reis träufeln oder extra servieren.

 Vietnamesischer Reissalat mit Hähnchen

500 g gegarten Basmatireis, 400 g gegarte und klein geschnittene Hähnchenbrust ohne Haut, 1 klein geschnittene Salatgurke, 1 fein gehackte rote Chili und je 1 Handvoll gehackte Minzeblätter und gehackte Korianderblätter in eine große Salatschüssel geben. Für das Dressing 2 gehackte Knoblauchzehen und 1 gehackte rote Chili mit dem Stößel eines Mörsers zu einer Paste verarbeiten. Den Saft und das Fruchtfleisch von 1 Limette sowie 3–4 EL Fischsauce und 1–2 EL Wasser unterrühren. Mit Salz und Pfeffer würzen. Die Mischung auf den Salat geben, gut unterheben und servieren.

 **Vietnamesische Hühnersuppe mit Reis**

In einem Topf 1 EL Sonnenblumenöl erhitzen, 1 gehackte Zwiebel, 2 gehackte Knoblauchzehen, 1 TL fein geriebene frische Ingwerwurzel, 2 cm fein gehacktes Zitronengras und 1 fein gehackte rote Chili zugeben und unter Rühren 4–5 Minuten dünsten. 900 ml Hühnerbrühe zugießen und 80 g Basmatireis einrühren. Aufkochen, dann offen bei mittlerer Hitze 10–12 Minuten köcheln lassen. 400 g gegartes, klein geschnittenes Hähnchenfleisch und 1 Handvoll gehackte Minzeblätter zugeben.

Nudeln mit Garnelen und Gemüse

Für 4 Personen

400 g asiatische Eiernudeln

2 EL Sonnenblumenöl

400 g geschälte rohe Tigergarnelen

6 Frühlingszwiebeln, schräg in 2 cm
lange Stücke geschnitten

2 Knoblauchzehen, zerdrückt

1 rote Chili, fein gehackt

1 TL fein geriebene frische Ingwerwurzel

1 rote Paprika, fein gehackt

1 Karotte, geputzt und in dünne Stifte
geschnitten

100 g Erbsen aus der Dose

2 EL scharfe Chilisauce

1 EL dunkle Sojasauce

3 EL süße Chilisauce

1 Handvoll gehackte Korianderblätter
zum Garnieren

- Die Nudeln nach Packungsanleitung al dente garen, abgießen und beiseitestellen.

- Im Wok oder in der Pfanne das Sonnenblumenöl erhitzen und die Garnelen, die Frühlingszwiebeln, den Knoblauch sowie Chili und Ingwer bei hoher Temperatur unter Rühren 4–5 Minuten braten, bis die Garnelen rosafarben sind.

- Die Paprika, die Karotte und die Erbsen zugeben und bei mittlerer Hitze 3–4 Minuten unter Rühren braten. Die Nudeln sowie scharfe Chilisauce, Sojasauce und süße Chilisauce einrühren und weitere 3–4 Minuten erhitzen.

- In vorgewärmten Schalen anrichten, mit Korianderblättern bestreut sofort servieren.

Gemüse-Garnelen-Reis Im Wok oder in der Pfanne 2 EL Sonnenblumenöl erhitzen, 400 g Mischgemüse bei großer Hitze unter Rühren darin 4–5 Minuten braten, dann 500 g vorgegarten Reis, 200 g geschälte und gegarte Garnelen, 2 EL scharfe Chilisauce und 125 ml Chinasauce aus dem Asia-Handel unterrühren und 1–2 Minuten erhitzen. Sofort servieren.

Garnelengemüse mit Tofu Im Wok oder in der Pfanne 2 EL Sonnenblumenöl erhitzen, 2 klein geschnittene rote Chilis, 2 TL fein geriebene frische Ingwerwurzel, 2 TL geriebenen Knoblauch, 1 TL zerdrückte Szechuan-Pfefferkörner und 1 Prise Salz zugeben und bei mittlerer Temperatur unter Rühren 1 Minuten erhitzen. 150 g gewürfelten festen Tofu hinzufügen und 2 Minuten weiterbraten, dann das Ganze auf einen Teller geben. 2 weitere EL Öl erhitzen, 1 in Stifte geschnittene Karotte, 2 entkernte und in Scheiben geschnittene rote Paprika und 200 g längs halbierte Zuckerschoten zugeben und 2–4 Minuten unter Rühren braten. 2 EL süße Chilisauce, 1 EL scharfe Chilisauce, 4 EL helle Sojasauce und 2 EL Mirin (süßer Reiswein) hinzufügen. Die Tofumischung wieder zugeben und 200 g geschälte und gegarte Garnelen ergänzen. Gut mischen und erhitzen. Mit Sesamöl beträufelt zu Nudeln servieren.

Linguine mit grünen Bohnen und Kartoffeln

Für 4 Personen

200 g Kartoffeln, gewürfelt

200 g grüne Bohnen, geputzt und
halbiert

350 g Linguine

Salz und frisch gemahlener Pfeffer

Für das Pesto

15 g Pinienkerne

1 Knoblauchzehe, grob gehackt

4 EL gehackte Basilikumblätter

2 rote Chilis, fein gehackt

30 g geriebener Parmesan

25 ml Olivenöl

Salz

- Für das Pesto in einer Pfanne die Pinienkerne bei mittlerer Hitze ohne Fett goldbraun rösten. Knoblauch, Basilikumblätter, Chili und Pinienkerne zusamen mit ½ TL Salz in einem Mörser zu einer Paste verarbeiten. Den Parmesan zugeben und in einem dünnen Strahl das Olivenöl untermischen.

- Die Kartoffeln in leicht gesalzenem Wasser 10–12 Minuten kochen, 4 Minuten vor Ende der Garzeit die Bohnen hinzufügen. Abgießen und abtropfen lassen, dann wieder in den Topf geben.

- In der Zwischenzeit die Linguine nach Packungsangabe al dente garen. Abgießen und zu den Kartoffeln und den Bohnen geben.

- Das Pesto gut mit den Kartoffeln, Bohnen und Nudeln vermischen. Mit Salz und Pfeffer abschmecken und mit geriebenem Pecorino servieren.

Nudelsalat mit Pesto und grünen Bohnen

500 g geputzte grüne Bohnen in leicht gesalzenem Wasser 2–4 Minuten garen. Kalt abschrecken und abtropfen lassen. 200 g vorgegarte Penne und die Bohnen in eine Salatschüssel geben und 1 in Scheiben geschnittene rote Zwiebel und 200 g halbierte Kirschtomaten untermischen. In einer Pfanne 15 g Pinienkerne bei mittlerer Hitze ohne Fett goldbraun rösten. 1 gehackte Knoblauchzehe, 4 EL gehackte Basilikumblätter, 2 fein gehackte rote Chili und die Pinienkerne zusammen mit ½ TL Salz in einem Mörser zu einer Paste verarbeiten. 30 g geriebenen Parmesan und 25 ml Olivenöl untermischen. Dieses Pesto unter den Salat ziehen. Mit Salz und Pfeffer würzen.

Nudelgratin mit Pesto und grünen Bohnen

250 g Penne in Salzwasser nach Packungsangabe al dente garen, 2 Minuten vor Ende der Garzeit 400 g geputzte und klein geschnittene grüne Bohnen zugeben. Den Backofen auf 200 °C vorheizen. In einer Pfanne 15 g Pinienkerne bei mittlerer Hitze ohne Fett goldbraun rösten. 1 gehackte Knoblauchzehe, 4 EL gehackte Basilikumblätter, 2 fein gehackte rote Chili und die Pinienkerne zusammen mit ½ TL Salz in einem Mörser zu einer Paste verarbeiten. 30 g geriebenen Parmesan und 25 ml Olivenöl untermischen. Dieses Pesto mit 200 g Mascarpone und 2 verquirlten Eiern verrühren. Nudeln und Bohnen abgießen, in eine leicht geölte Auflaufform geben und gut mit der Pestosauce vermischen. Mit 100 g Semmelbröseln bestreuen und im Backofen 10–15 Minuten garen. Mit einem Rucolasalat servieren.

Warmer Nudelsalat mit schwarzen Bohnen

Für 4 Personen

250 g asiatische Eiernudeln

6 Frühlingszwiebeln, in schräge Scheiben geschnitten

2 Dosen schwarze Bohnen (je 400 g), abgespült und abgetropft

1 TL fein geriebene frische Ingwerwurzel

2 rote Chilis, fein gehackt

1 EL Sesamöl

1–2 TL Chiliöl

3 EL süße Chilisauce

3 EL helle Sojasauce

1 TL Honig

Salz

1 Handvoll gehackte Korianderblätter zum Garnieren

• Die Nudeln in reichlich Salzwasser nach Packungsangabe al dente garen. Abgießen, abtropfen lassen, wieder in den Topf geben und abdecken. Die Frühlingszwiebeln und die schwarzen Bohnen hinzufügen.

• Den Ingwer mit den restlichen Zutaten verrühren. Das Dressing zu den Nudeln geben und das Ganze gut mischen. Bei schwacher Hitze in einigen Minuten erwärmen.

• In vorgewärmten tiefen Tellern anrichten und mit Korianderblättern bestreut servieren.

Frühlingszwiebelsalat mit schwarzen Bohnen

100 g gemischte Salatblätter, 1 Dose abgespülte und abgetropfte schwarze Bohnen (400 g), 6 in Scheiben geschnittene Frühlingszwiebeln, 2 fein gewürfelte rote Chilis und 1 Handvoll gehackte Korianderblätter in eine Schüssel geben. 4 EL extra natives Olivenöl, den Saft von 1 Zitrone, Salz, Pfeffer und 2 EL süße Chilisauce unterziehen und mit warmen Brötchen servieren.

Nudelomelett mit schwarzen Bohnen und Frühlingszwiebeln

Den Backofengrill auf mittlerer Stufe vorheizen. 200 g asiatische Eiernudeln nach Packungsangabe garen und abgießen. In einer ofenfesten Pfanne 2 EL Sonnenblumenöl erhitzen. 2 fein gewürfelte rote Chilis, 8 klein geschnittene Frühlingszwiebeln und 2 fein gehackte Knoblauchzehen zugeben und bei mittlerer Hitze 2–4 Minuten braten. 1 Dose abgespülte und abgetropfte schwarze Bohnen (400 g) unterrühren. 6 Eier in einer Schüssel verquirlen und mit Salz und Pfeffer würzen. 1 Handvoll gehackte Korianderblätter hinzufügen. Die Nudeln mit den anderen Zutaten in der Pfanne mischen, die Eiermischung zugeben und 8–10 Minuten stocken lassen. Unter dem Grill 2–4 Minuten fest werden lassen und goldgelb bräunen. Warm oder lauwarm servieren.

Karottencurry mit schwarzen Bohnen

Für 4 Personen

500 ml Gemüsebrühe

4 große Karotten, geputzt und in 1,5 cm große Stücke geschnitten

1 Dose schwarze Bohnen (400 g), abgespült und abgetropft

4 Pflaumentomaten

2 EL Sonnenblumenöl

2 TL Kreuzkümmelsamen

1 TL Fenchelsamen

2 Schalotten, fein gehackt

2 rote Chilis, fein gehackt

1 TL fein geriebene frische Ingwerwurzel

3 Knoblauchzehen, fein gehackt

1 TL gemahlene Kurkuma

1 TL Garam Masala

Saft von 1 Limette

4 EL fein gehackte Korianderblätter

- Die Brühe in einen großen Topf gießen und aufkochen lassen. Die Karotten zugeben und bei schwacher Hitze in 8 Minuten weich garen. Die schwarzen Bohnen einrühren und weitere 2 Minuten köcheln lassen. Abgießen, die Brühe auffangen.

- Die Tomaten in eine hitzefeste Schüssel geben und mit kochendem Wasser begießen. 5 Minuten ziehen lassen, dann in kaltes Wasser tauchen und die Haut abziehen. Die Tomaten grob hacken.

- In einem Topf das Sonnenblumenöl erhitzen und Kreuzkümmel- und Fenchelsamen, Schalotten, rote Chilis, Ingwer und Knoblauch bei mittlerer Hitze unter Rühren 3–4 Minuten darin braten. Die Tomaten und 100 ml der aufgefangenen Brühe hinzufügen. Bei schwacher Hitze 2 Minuten unter Rühren sanft köcheln lassen. Kurkuma einrühren und 2 Minuten weiterkochen. Die Karotten und die Bohnen zugeben und das Ganze 3–4 Minuten köcheln lassen, ggf. weitere Brühe zugießen.

- Den Topf vom Herd nehmen und Garam Masala, Limettensaft und Korianderblätter einrühren. In vorgewärmten tiefen Tellern anrichten und dazu Reis reichen.

 Karottensalat mit schwarzen Bohnen

In einer Pfanne 2 TL Kreuzkümmelsamen trocken rösten und beiseitestellen. 2 geputzte, grob geraspelte große Karotten und 2 Dosen abgespülte und abgetropfte schwarze Bohnen (je 400 g) in einer Schüssel vermischen. 1 fein gehackte rote Chili, den Saft von 2 Limetten und die gerösteten Kreuzkümmelsamen unterziehen. Würzen und 4 EL gehackte Korianderblätter unterrühren. Sofort servieren

 Nudeln mit schwarzen Bohnen und Karotten 400 g asiatische Eiernudeln nach Packungsanleitung garen, abgießen und beiseitestellen. Im Wok oder in der Pfanne 2 EL Sonnenblumenöl erhitzen. 2 fein gehackte rote Chilis, 1 fein gehackte Zwiebel, 2 gehackte Knoblauchzehen und 1 TL fein geriebene frische Ingwerwurzel zugeben und bei mittlerer Hitze in 4–5 Minuten weich braten. 2 geputzte, grob geriebene große Karotten hinzufügen und weitere 2–4 Minuten braten, dann 1 Dose abgespülte und abgetropfte schwarze Bohnen (400 g), die Eiernudeln und 2 EL Austernsauce aus dem Asia-Handel unterrühren. Gut erhitzen, würzen und sofort servieren.

Nudeln mit Räucherlachs, Erbsen und Spargel

Für 4 Personen

400 g Spaghetti
200 g grüne Spargelspitzen, längs halbiert
1 EL Butter
1 EL Olivenöl
1 rote Chili, fein gehackt
1 TL getrocknete rote Chiliflocken
2 Knoblauchzehen, fein gehackt
2 Schalotten, fein gehackt
200 g Crème fraîche
200 g Räucherlachs, grob zerkleinert
100 g Erbsen aus der Dose
4 EL gehackte Dillspitzen
Salz und frisch gemahlener Pfeffer

- Die Nudeln in reichlich Salzwasser nach Packungsangabe al dente garen, 2 Minuten vor Ende der Garzeit den Spargel hinzufügen.

- In einer Pfanne die Butter und das Olivenöl erhitzen, rote Chili, Chiliflocken, Knoblauch und Schalotten zugeben und bei mittlerer Hitze 2–3 Minuten braten.

- Die Nudeln und den Spargel abgießen, mit Crème fraîche, Lachs, Erbsen und gehackten Dillspitzen in die Pfanne geben und einige Minuten erhitzen. Abschmecken.

- Auf vorgewärmten tiefen Tellern mit einem grünen Salat servieren.

Nudelsalat mit Lachs, Spargel und Erbsen

200 Penne in reichlich Salzwasser nach Packungsangabe al dente kochen. 4 Minuten vor Ende der Garzeit 100 g Erbsen aus der Dose und 400 g grüne Spargelspitzen hinzufügen. Das Ganze abgießen, kalt abschrecken und abtropfen lassen. In eine Salatschüssel geben und 400 g klein geschnittenen Räucherlachs hinzufügen. 1 TL getrocknete rote Chiliflocken, 1 TL mittelscharfes Currypulver, 4 EL extra natives Olivenöl, den Saft von 1 Zitrone, Salz und Pfeffer verrühren und das Dressing unter die Nudeln mischen.

Spargelrisotto mit Erbsen und Lachs

In einem Topf 2 El Sonnenblumenöl und 2 EL Butter erhitzen, 1 gehackte Zwiebel, 2 fein gehackte rote Chilis und 2 gehackte Knoblauchzehen 2–3 Minuten darin braten. 300 g Risottoreis und 400 g grüne Spargelspitzen einrühren und 1–2 Minuten mitschmoren. 150 ml trockenen Weißwein zugießen und 1 Minute unter Rühren köcheln lassen. Bei mittlerer Hitze schöpfkellenweise 1,2 l Gemüsebrühe zugießen. Nach jeder Zugabe so lange rühren, bis die Flüssigkeit aufgenommen ist. Dann 100 g Erbsen aus der Dose und 200 g grob zerkleinerten Räucherlachs untermischen, den Topf vom Herd ziehen und 100 g geriebenen Parmesan und die fein abgeriebene Schale von 1 unbehandelten Zitrone unterrühren. Würzen und sofort servieren.

30 Harissataboulé mit Röstgemüse

Für 4 Personen

1 Zucchini, in mundgerechte Stücke geschnitten

2 rote und 1 gelbe Paprika, in mundgerechte Stücke geschnitten

4 EL Olivenöl

3 Knoblauchzehen, zerdrückt

1 rote Chili, fein gehackt

2 EL Harissa (scharfe Gewürzpaste)

125 g Bulgur

600 ml Gemüsebrühe

Saft von 1 Zitrone

6 EL fein gehackte Korianderblätter

6 EL fein gehackte Minzeblätter

Salz und frisch gemahlener Pfeffer

- Den Backofen auf 200 °C vorheizen. Die Zucchini- und Paprikastücke in eine Auflaufform legen. Mit Olivenöl, Knoblauch, roter Chili und Harissa vermischen und im Backofen 20 Minuten garen, bis das Gemüse weich ist und an den Rändern bereits eine leichte Bräunung zeigt.

- In der Zwischenzeit den Bulgur in eine hitzefeste Schüssel geben und die Brühe zugießen. Abgedeckt 15 Minuten quellen lassen, sodass die Körner noch leichten Biss haben.

- Den Bulgur abkühlen lassen, das gebackene Gemüse, den Zitronensaft und die gehackten Kräuter untermischen und würzen. Warm oder lauwarm servieren.

---

1 **Couscoussalat mit Paprika** 500 g gegarten Couscous in eine große Schüssel geben. Mit 4 EL Olivenöl, 100 g gemischten Salatblättern, 2 fein gewürfelten roten Paprika und je 1 Handvoll gehackten Korianderblättern und Minzeblättern vermischen. Mit Salz und Pfeffer abschmecken, noch einmal durchrühren und servieren.

2 **Gemüseeintopf mit Bulgur** 125 g Bulgur in eine hitzefeste Schüssel geben und 600 ml heißes Wasser zugießen, abgedeckt 15 Minuten quellen lassen. In einem Topf 2 EL Olivenöl erhitzen, 1 gehackte Zwiebel, 2 gehackte Knoblauchzehen, 2 fein gewürfelte rote Paprika und 1 fein gehackte Zucchini zugeben und bei mittlerer Hitze 1–2 Minuten braten. 500 ml Gemüsebrühe und 1 EL Harissa (scharfe Gewürzpaste) hinzufügen, aufkochen und bei schwacher Hitze 10–15 Minuten köcheln lassen. Abschmecken und je 2 EL gehackte Korianderblätter und gehackte Minzeblätter unterrühren. Das Gemüse und den Bulgur auf vier Tellern anrichten und servieren.

Würziger Couscous mit Cashewkernen und Feta

Für 4 Personen

2 rote und 1 gelbe Paprika

1 Zucchini, grob gewürfelt

2 große rote Zwiebeln, in dicke Scheiben geschnitten

4 EL Olivenöl

200 g Couscous

100 g Cashewkerne

1 Handvoll gehackte Minzeblätter

1 Handvoll gehackte Korianderblätter

6–8 eingelegte Zitronen, halbiert

200 g Feta, zerkrümelt

Salz und frisch gemahlener Pfeffer

Für das Dressing

Saft von 1 Orange

5 EL extra natives Olivenöl

1 TL Paprikapulver edelsüß

1 rote Chili, fein gehackt

1 TL gemahlener Kreuzkümmel

1 TL mildes Currypulver

- Den Backofen auf 200 °C vorheizen. Die Paprika in 2 cm große Stücke schneiden und mit den Zwiebeln und den Zucchini auf ein Backblech legen. Mit Olivenöl beträufeln und mit Salz und Pfeffer würzen. Im Backofen 10–12 Minuten garen, bis das Gemüse an den Rändern leicht gebräunt ist.

- In der Zwischenzeit den Couscous in eine hitzefeste Schüssel füllen und gut würzen. Mit kochendem Wasser bedecken und abgedeckt 8–10 Minuten quellen lassen bzw. so lange, bis das Wasser vollständig absorbiert wurde.

- Für das Dressing alle Zutaten in einer Schüssel mischen, salzen.

- Die Cashewkerne bei mittlerer Hitze trocken in einer Pfanne rösten, herausnehmen und beiseitestellen.

- Den Couscous mit einer Gabel auflockern und in eine große Servierschüssel geben. Das gebackene Gemüse, die Kräuter und die eingelegten Zitronen hinzufügen. Mit dem Dressing beträufeln und alles gut miteinander vermischen. Mit den gerösteten Cashewkernen und dem Feta bestreut servieren.

 **Couscoussalat mit Feta und Cashewkernen** Den Backofen auf 200 °C vorheizen. 2 rote und 1 gelbe in 2 cm große Stücke geschnittene Paprika, 1 in 2 cm große Stücke geschnittene Zucchini und 2 große in dicke Scheiben geschnittene rote Zwiebeln auf ein Backblech legen, mit Olivenöl beträufeln und mit Salz und Pfeffer würzen. Im Backofen 10–12 Minuten garen, bis das Gemüse an den Rändern leicht gebräunt ist. Das Gemüse und 200 g gegarten Couscous in eine große Schüssel geben. Jeweils 2 EL gehackte Korianderblätter und Minzeblätter unterrühren. 6 in Scheiben geschnittene Frühlings-zwiebeln, 150 g zerbröckelten Feta und 100 g geröstete Cashewkerne unterheben. Mit Salz und Pfeffer würzen, gut mischen und sofort servieren.

Gemüseeintopf mit Couscous In einem Topf 2 EL Öl erhitzen, 2 gehackte rote Zwiebeln, 1 gehackte Knoblauchzehe, 2 klein geschnittene rote Chilis, 1 gewürfelte Zucchini sowie je 1 gewürfelte rote und gelbe Paprika zugeben und 2–4 Minuten braten. 1 Dose gehackte Tomaten (400 g) und 200 ml Gemüsebrühe hinzufügen und aufkochen lassen. Das Gemüse in 8–10 Minuten weich kochen. Würzen, 100 g geröstete Cashewkerne und 100 g zerbröckelten Feta unterrühren.

30 Knuspernudeln mit Hackfleisch

Für 4 Personen

500 ml Sonnenblumenöl zum
  Frittieren
250 g Vermicelli-Reisnudeln (dünne
  Reismehlnudeln aus dem Asia-
  Handel), in kleine Stücke gebro-
  chen
400 g Schweinemett
3 Knoblauchzehen, fein gehackt
2 Frühlingszwiebeln, fein gehackt,
  zzgl. klein geschnittene Frühlingszwiebeln zum Garnieren
3 EL Limettensaft
2 EL Fischsauce
6 EL süße Chilisauce
1 EL scharfe Chilisauce
1 EL Tomatenmark
1 TL getrocknete rote Chiliflocken
100 g fester Tofu, in 1 cm große
  Würfel geschnitten
100 g gehackte Korianderblätter
50 g Bohnensprossen
2–3 Bird's-Eye-Chilis (Asia-Handel),
  in feine Scheiben geschnitten

- Einen hohen Topf zu einem Viertel mit Sonnenblumenöl füllen und auf 180–190 °C erhitzen. Die Nudeln ggf. portionsweise im Öl 30–40 Sekunden frittieren, bis sie „aufgeplustert" sind und eine goldgelbe Farbe haben. Mit einem Schaumlöffel herausnehmen und auf Küchenpapier abtropfen lassen.

- Bis auf 2 EL das gesamte Öl abgießen und bei großer Hitze das Mett in 4–5 Minuten krümelig und braun braten. Auf einen Teller legen und warm halten.

- Bei mittlerer Hitze den Knoblauch und die gehackten Frühlingszwie- beln in den Topf geben und 1–2 Minuten unter Rühren braten. Li- mettensaft, Saucen, Tomatenmark und Chiliflocken einrühren und das Ganze bei schwacher Hitze in 3–4 Minuten sirupartig einkochen lassen. Die Hälfte der Nudeln unterrühren, dann das Hackfleisch und die restlichen Nudeln noch einmal darin erhitzen.

- Die Mischung auf vier großen, flachen Tellern anrichten. Tofu, klein geschnittene Frühlingszwiebeln, gehackte Korianderblätter, Bohnen- sprossen und die Bird's-Eye-Chilis auf den Nudeln verteilen und sofort servieren.

 **Hackfleisch-Nudel-Pfanne** 400 g Reisnu- deln nach Packungsangabe al dente garen. In der Zwischenzeit im Wok oder in der Pfanne 2 EL Sonnenblu- menöl erhitzen, 1 fein gehackte rote Chili und 400 g Schweinemett zuge- ben und bei hoher Temperatur in 1–2 Minuten anbräunen. 175 g süße Chilisauce und die vorgegarten Nu- deln zugeben und weitere 1–2 Minu- ten erhitzen. Sofort servieren.

 **Nudelomelett mit Schweinemett** 200 g Reisnudeln nach Packungsangabe al dente garen. In der Zwischenzeit in einer ofenfesten Pfanne 2 EL Son- nenblumenöl erhitzen, 8 in Scheiben geschnittene Frühlingszwiebeln, 2 fein gehackte rote Chilis und 200 g Schweinemett zugeben und bei ho- her Temperatur in 2–4 Minuten krü- melig und braun braten. Den Back- ofengrill auf mittlerer Stufe vorheizen.

Die vorgegarten Nudeln untermi- schen. 4 große Eier, 1 EL scharfe Chilisauce und 2 EL süße Chilisauce verrühren und in die Pfanne gießen. 8–10 Minuten stocken lassen. Dann unter dem Grill in 2–4 Minuten fest werden lassen. In Stücke schneiden und warm oder lauwarm servieren.

Paprika-Bohnen-Salat

Für 4 Personen

1 Dose Kidneybohnen (400 g)
1 Dose Cannellinibohnen (400 g)
1 Dose Limabohnen (400 g)
je 1 rote, grüne und gelbe Paprika, fein gewürfelt
1 kleine rote Zwiebel, fein gewürfelt
2 rote Chilis, fein gewürfelt
2 Selleriestangen, fein gewürfelt
1 Handvoll gehackte Korianderblätter zum Garnieren
Salz und frisch gemahlener Pfeffer

Für das Dressing
6 EL extra natives Olivenöl
Saft von 1 großen Zitrone
2 EL Apfelessig
1 TL flüssiger Honig

- Die Bohnen abspülen und abtropfen lassen. Mit den Paprikawürfeln, Zwiebeln, Chilis und Selleriewürfeln in eine Schüssel geben.

- Die Dressingzutaten in einer kleinen Schüssel verrühren. Mit Salz und Pfeffer würzen, über den Salat gießen und gut mischen.

- Mit Korianderblättern bestreuen und mit getoasteten Ciabattascheiben oder Reis servieren.

Kokoscurry mit Bohnen und roter Paprika

In einer Pfanne 2 EL Olivenöl erhitzen, 2 gehackte rote Chilis, 1 gehackte rote Zwiebel, 2 gehackte Knoblauchzehen und 2 fein gewürfelte rote Paprika zugeben und bei mittlerer Hitze unter Rühren 4–5 Minuten braten. 1 EL Currypulver und 200 ml Kokosmilch unterrühren und aufkochen lassen. 1 Dose Kidneybohnen und 1 Dose Cannellinibohnen (je 400 g), abgespült und abgetropft, 6–8 Minuten darin erhitzen. 1 Handvoll gehackte Korianderblätter untermischen und servieren.

Bohnenpilaw mit roter Paprika
In einem Topf 2 El Sonnenblumenöl erhitzen, 1 gehackte Zwiebel 1–2 Minuten unter Rühren darin braten. 2 TL Kreuzkümmelsamen, 2 klein geschnittene rote Chilis, 1 Zimtstange, 1 EL mildes Currypulver, 2 gewürfelte rote Paprika und 1 Dose abgespülte und abgetropfte gemischte Bohnen (400 g) zugeben und 1–2 Minuten erhitzen. 250 g Basmatireis und 650 ml Gemüsebrühe hinzufügen und aufkochen. Zugedeckt bei schwacher Hitze 15–20 Minuten köcheln lassen, bis die Flüssigkeit vollständig absorbiert ist. Den Topf vom Herd nehmen und vor dem Servieren einige Minuten ruhen lassen.

30 Linsen-Karotten-Suppe mit karamellisierten Zwiebeln

Für 4 Personen

2 EL Sonnenblumenöl

1 Knoblauchzehe, fein gehackt

1 TL fein geriebene frische Ingwerwurzel

1 rote Chili, fein gehackt

1 Zwiebel, fein gehackt

1 EL Paprikapulver edelsüß zzgl. Paprikapulver zum Bestreuen

700 g Karotten, geputzt und fein gewürfelt

150 g rote Spaltlinsen, abgespült und abgetropft

150 g Sahne

1 l Gemüsebrühe

100 g Crème fraîche

1 Handvoll gehackte Korianderblätter

Salz und frisch gemahlener Pfeffer

Für die karamellisierten Zwiebeln

1 EL Butter

1 EL Olivenöl

1 Zwiebel, in Ringe geteilt

- In einem Topf das Sonnenblumenöl erhitzen, Knoblauch, Ingwer, rote Chili, Zwiebeln und Paprikapulver zugeben und bei mittlerer Hitze unter Rühren 1–2 Minuten braten. Karotten, Linsen, die Sahne und die Brühe hinzufügen und aufkochen. Bei mittlerer Hitze offen 15–20 Minuten köcheln lassen.

- Für die karamellisierten Zwiebeln in einer Pfanne die Butter und das Olivenöl erhitzen, die Zwiebelringe zugeben und bei schwacher Hitze in 12–15 Minuten goldbraun dünsten. Auf Küchenpapier abtropfen lassen und warm halten.

- Mit einem Stabmixer die Suppe pürieren und mit Salz und Pfeffer abschmecken.

- In Suppenschalen füllen und mit jeweils einem Klecks Crème fraîche sowie gehackten Korianderblättern garnieren. Zum Schluss die Zwiebeln auf der Suppe verteilen. Vor dem Servieren mit etwas Paprikapulver bestreuen.

---

1 Linsen-Karotten-Salat

2 Dosen abgespülte und abgetropfte grüne Linsen (je 400 g), 2 geputzte und grob geriebene Karotten, 1 fein gehackte rote Chili, 4 klein geschnittene Frühlingszwiebeln und 1 Handvoll gehackte Korianderblätter in eine Schüssel geben. 4 EL Olivenöl, den Saft von 1 Zitrone, Salz, Pfeffer und 1 TL Paprikapulver edelsüß verrühren und das Dressing über den Salat geben. Abschmecken und gut vermischen.

2 Linsen-Karotten-Dhal

150 g rote Spaltlinsen (abgespült und abgetropft), 2 geputzte, fein gewürfelte Karotten, 1 gehackte Zwiebel, 2 TL fein geriebene frische Ingwerwurzel, 2 TL geriebenen Knoblauch, 2 TL Kreuzkümmelsamen, 2 TL schwarze Senfsamen und 1 EL scharfes Currypulver in einen Topf geben. 800 ml Gemüsebrühe zugießen und aufkochen. Anschließend bei mittlerer Hitze offen 12–15 Minuten köcheln lassen, bis

das Ganze eingedickt ist und die Linsen weich sind. Mit Salz und Pfeffer würzen, 1 Handvoll gehackte Korianderblätter unterrühren und mit Reis oder Brot servieren.

Reisnudeln Singapur

Für 4 Personen

250 g Reisnudeln
4 EL Sonnenblumenöl
500 g geschälte rohe Tigergarnelen
100 g Speckwürfel
3 Knoblauchzehen, zerdrückt
1 rote Chili, dünn geschnitten, zzgl.
  Chili zum Garnieren
1 TL fein geriebene frische Ingwerwurzel
1 Zwiebel, in dünne Scheiben geschnitten
1 große Karotte, geputzt und in dünne
  Stifte geschnitten
200 g Zuckerschoten, in mundgerechte Stücke geschnitten
50 g Bohnensprossen
6 Frühlingszwiebeln, schräg in dünne
  Scheiben geschnitten
1–2 EL scharfes Currypulver
6 EL dunkle Sojasauce
frisch gemahlener Pfeffer

- Die Reisnudeln nach Packungsanleitung garen, abgießen und bei-seitestellen.

- Im Wok oder in der Pfanne 2 EL Sonnenblumenöl erhitzen und die Garnelen und den Speck bei hoher Temperatur 4–5 Minuten darin braten, bis die Garnelen rosafarben sind. Mit einem Schaumlöffel herausnehmen, auf einen Teller legen und warm halten. Den Wok oder die Pfanne säubern.

- Das restliche Öl erhitzen und den Knoblauch sowie Chili und Ingwer bei großer Hitze 30 Sekunden darin braten, dann die Zwiebeln und das Gemüse zugeben und unter Rühren weitere 3–4 Minuten garen. Das Currypulver einrühren und 1 Minute mitbraten.

- Die Nudeln und 2 EL Wasser in den Wok oder in die Pfanne geben, Sojasauce einrühren und mit Pfeffer würzen. 1 Minute erhitzen. Die Garnelen und den Speck untermischen und erhitzen.

- Die Nudeln auf vier Tellern anrichten, mit roten Chili bestreuen und mit Limettenstücken servieren.

Reisnudelsuppe 200 g Reisnudeln, 1 TL Tom-Yum-Paste (scharf-saure Chilipaste) aus dem Asia-Handel und 800 ml Gemüsebrühe in einen Topf geben und aufkochen. 2–4 Minuten köcheln lassen. 400 g geschälte und gegarte Garnelen hinzufügen und 1 Minute weiterkochen lassen. Sofort servieren.

Reisnudelomelett 200 g Reisnudeln nach Packungsangabe garen, abschütten und beiseitestellen. Den Backofengrill auf mittlerer Stufe vorheizen. In einer Schüssel 6 Eier, 6 fein geschnittene Frühlingszwiebeln und 1 EL scharfes Currypulver verrühren, mit Salz und Pfeffer würzen. In einer ofenfesten Pfanne 2 EL Olivenöl erhitzen, 250 g geschälte rohe Tigergarnelen bei großer Hitze in 4–5 Minuten darin braten, bis sie rosafarben werden. Die Reisnudeln zugeben und die Eier zugießen. Bei mittlerer Hitze 10–12 Minuten stocken lassen, dann unter dem Grill in 4–5 Minuten fest werden lassen. Abkühlen lassen, in Stücke schneiden und mit einem grünen Salat servieren.

10 Gemischter Bohnensalat mit Chili-Dressing

Für 4 Personen

1 Dose Puy-Linsen (400 g), abgespült und abgetropft

1 Dose Limabohnen (400 g), abgespült und abgetropft

1 rote Zwiebel, fein geschnitten

200 g Kirschtomaten, halbiert

1 Handvoll gehackte glatte Petersilienblätter

Für das Dressing

6 EL extra natives Olivenöl

2 rote Chilis, sehr fein gewürfelt

2 EL Rotweinessig

1 TL Dijon-Senf

1 TL flüssiger Honig

½ Knoblauchzehe, zerdrückt

- Die Linsen und die Limabohnen in eine Servierschüssel geben, Zwiebeln, Kirschtomaten und Petersilienblätter hinzufügen.

- Die Dressingzutaten in einer kleinen Schüssel verrühren, über den Salat geben und alles gut mischen. Sofort servieren.

---

20 Pilaw aus Puy-Linsen und Limabohnen

250 g Basmatireis nach Packungsanleitung in Salzwasser garen. Je 1 Dose Puy-Linsen und Limabohnen (je 400 g), abgespült und abgetropft, mit 1 fein geschnittenen roten Zwiebel, 200 g halbierten Kirschtomaten und 1 Handvoll gehackter glatter Petersilienblätter in eine große Schüssel geben. Aus 6 EL extra nativem Olivenöl, 2 fein gewürfelten roten Chilis, 2 EL Rotweinessig, 1 TL Dijon-Senf, 1 TL flüssigem Honig und ½ zerdrückten Knoblauchzehe ein Dressing bereiten. Mit den Bohnen mischen. Den Reis abgießen, unter den Salat rühren und warm oder lauwarm servieren.

30 Orzo-Nudeln mit Puy-Linsen und Lima-

bohnen 250 g Orzo-Nudeln (italienische Hartweizennudeln) nach Packungsanleitung al dente garen. Abgießen und wieder in den Topf geben. Zugedeckt warm halten. In einer Pfanne 2 EL Sonnenblumenöl erhitzen, 1 klein geschnittene rote Zwiebel, 2 klein geschnittene rote Chilis und 2 gehackte Knoblauchzehen bei mittlerer Hitze zugeben und unter Rühren 5–6 Minuten braten. Je 1 Dose abgespülte und abgetropfte Puy-Linsen und Limabohnen (je 400 g) sowie 175 ml Gemüsebrühe und die Nudeln hinzufügen. Aufkochen und bei mittlerer Hitze 5–6 Minuten köcheln lassen, dabei gele-

gentlich umrühren. Mit Salz und Pfeffer würzen, 1 Handvoll gehackte glatte Petersilienblätter einrühren und sofort servieren.

Banh-Pho-Reisnudeln mit Garnelen und Kokosmilch

Für 4 Personen

1 EL Sonnenblumenöl

6 Schalotten, in feine Scheiben geschnitten

1 rote Chili, in feine Scheiben geschnitten, zzgl. Chili zum Garnieren

1 grüne Chili, in feine Scheiben geschnitten

1 Zimtstange

1 Sternanis

1 TL fein geriebene frische Ingwerwurzel

8 cm Zitronengras, fein gehackt

400 ml Fischbrühe

2 EL Fischsauce

1 EL heller brauner Zucker

400 g geschälte rohe Tigergarnelen

6 Baby-Pak-Choi, halbiert oder geviertelt

400 ml Kokosmilch

Saft von 2 Limetten

250 g getrocknete flache Reisnudeln (Banh Pho)

- In einem Topf das Sonnenblumenöl erhitzen und die Schalotten sowie die Chilis, die Zimtstange, den Sternanis und den Ingwer 2 Minuten darin dünsten. Das Zitronengras und die Brühe zugeben und köcheln lassen.

- Die Fischsauce, Zucker und Garnelen in den Topf geben und 5–6 Minuten köcheln lassen, bis die Garnelen rosafarben sind. Den Pak Choi, die Kokosmilch und den Limettensaft einrühren und erhitzen, bis der Pak Choi weich geworden ist.

- Die Nudeln nach Packungsangabe garen und abgießen. In vier vorgewärmten Schalen anrichten und die Pho-Mischung darauf verteilen. Mit roten Chilischeiben und Frühlingszwiebeln garnieren und sofort servieren.

 **Nudelsuppe mit Garnelen und Kokosmilch**

200g Reisnudeln nach Packungsanleitung garen und beiseitestellen. 600 ml Gemüsebrühe, 1 EL mittelscharfe Currypaste und 400 ml Kokosmilch in einen Topf geben und aufkochen lassen. Die Nudeln und 400 g geschälte und gegarte Garnelen hinzufügen, 1–2 Minuten erhitzen und würzen. Vom Herd nehmen und mit dem Saft von 1 Limette beträufeln. Sofort servieren.

 **Engelshaarnudeln mit Kokosmilch und Garnelen** 400 g Engelshaarnudeln in reichlich Salzwasser nach Packungsanleitung garen. In einem Topf 1 EL Sonnenblumenöl erhitzen, 1 gehackte Zwiebel, 2 gehackte rote Chilis und 2 gehackte Knoblauchzehen bei schwacher Hitze zugeben und in 6–8 Minuten weich garen, dabei gelegentlich umrühren. 500 g geschälte rohe Tigergarnelen sowie 200 g längs halbierte Zuckerschoten hinzufügen und bei mittlerer Hitze in etwa 5–6 Minuten rosafarben braten. 200 ml Kokosmilch einrühren und je 1 Handvoll gehackte Korianderblätter und gehackte Thai-Basilikumblätter zugeben. Die Nudeln ebenfalls untermischen und noch einmal erwärmen. Würzen, gut verrühren und sofort servieren.

Penne mit Thunfisch, Tomaten und Oliven

Für 4 Personen

350 g Penne

200 g Erbsen aus der Dose

2 Dosen Thunfisch naturell (je 400 g)

2 rote Chilis, fein gehackt

1 TL getrocknete rote Chiliflocken

200 g entsteinte schwarze Oliven

240 g getrocknete Tomaten in Öl, klein geschnitten

Salz und frisch gemahlener Pfeffer

1 Handvoll gehackte glatte Petersilienblätter zum Garnieren

- Die Penne in reichlich Salzwasser nach Packungsangabe al dente garen. Kurz vor Garende die Erbsen hinzufügen

- In der Zwischenzeit den Thunfisch abgießen und in eine große Schüssel geben. Den Fisch mit einer Gabel auseinanderzupfen. Rote Chilis, Chiliflocken, Oliven und Tomaten mit Öl zugeben.

- Die Nudeln abgießen, zur Thunfischmischung geben und mit Salz und Pfeffer abschmecken.

- Auf vorgewärmten Tellern anrichten und mit Petersilienblättern bestreut servieren.

Nudelsalat mit Thunfisch, Tomaten und Oliven 200 g Penne in reichlich Salzwasser nach Packungsangabe al dente garen. Kurz vor dem Ende der Garzeit 200 g Erbsen aus der Dose zugeben. Abgießen, kalt abschrecken und abtropfen lassen. In der Zwischenzeit 2 Dosen Thunfisch naturell (je 400 g) in eine Salatschüssel geben und mit einer Gabel auseinanderzupfen. 200 g entsteinte schwarze Oliven, 2 grob gehackte Pflaumentomaten, 1 fein gehackte rote Chili und 1 Handvoll gehackte glatte Petersilienblätter zugeben. Die Nudeln sowie 1 EL Chiliöl, 2 EL Olivenöl und den Saft von 1 Zitrone hinzufügen. Die Zutaten vermischen, würzen und servieren.

Thunfisch-Tomaten-Pasta aus dem Ofen Den Backofen auf 180 °C vorheizen. 250 g Fusilli in reichlich Salzwasser nach Packungsangabe al dente garen. In der Zwischenzeit in einer Pfanne 2 EL Olivenöl erhitzen und 200 g halbierte Champignons, 2 fein gehackte rote Chilis und 6 klein geschnittene Frühlingszwiebeln bei mittlerer Hitze in 5 Minuten darin weich dünsten. 200 g Frischkäse mit Knoblauch und Kräutern einrühren, dann 100 g Sahne, 200 g halbierte Kirschtomaten und 200 g entsteinte schwarze Oliven hinzufügen. Bei schwacher Hitze köcheln lassen, bis eine Sauce entstanden ist. 1 Dose Thunfisch naturell (200 g) abgießen, auseinanderzupfen und zusammen mit 100 g Erbsen aus der Dose untermischen. Die Nudeln abgießen und unterrühren. Das Ganze in eine Auflaufform geben und mit 75 g geriebenem Cheddar bestreuen. Im Backofen 10 Minuten überbacken. Dazu einen grünen Salat reichen.

Würzreis mit gelben Linsen

Für 4 Portionen

3 EL Sonnenblumenöl

1 Zwiebel, fein gehackt

4 EL getrocknete Röstzwiebeln

1 TL gemahlene Kurkuma

1 EL Kreuzkümmelsamen

1 getrocknete rote Chili, fein gehackt

1 Zimtstange

3 ganze Nelken

½ TL zerdrückte Kardamomsamen

250 g Basmatireis

125 g gelbe Spaltlinsen, abgespült
   und abgetropft

600 ml Gemüsebrühe

6 EL fein gehackte Korianderblätter

Salz und frisch gemahlener Pfeffer

- In einem Topf das Sonnenblumenöl erhitzen, Zwiebeln und Röst-zwiebeln zugeben und bei mittlerer Hitze 1–2 Minuten braten, dann die Gewürze hinzufügen und weitere 2–3 Minuten braten. Den Reis und die Linsen einrühren.

- Die Brühe und die Korianderblätter zugeben und mit Salz und Pfef-fer würzen. Aufkochen, anschließend zugedeckt bei schwacher Hitze 10 Minuten köcheln lassen. Den Topf vom Herd nehmen und zugedeckt 10 Minuten ruhen lassen.

- In Schüsseln anrichten und dazu nach Belieben Pickles, Papadams (indische dünne Fladen aus Linsenmehl) und Naturjoghurt reichen.

Reis-Linsen-Suppe In einem großen Topf 2 EL Olivenöl erhitzen. 1 fein gewürfelte Zwiebel, 1 fein gewürfelte Karotte, 1 in feine Ringe geschnittene Porree-stange und 3 EL klein geschnittene Sellerieknolle 5 Minuten darin an-dünsten. 2 Dosen Tellerlinsen (je 400 g), 500 ml Gemüsebrühe, 2 TL mildes Currypulver, 1–2 EL Balsami-co und 200 g gegarten Basmatireis zugeben und aufkochen lassen. Bei mittlerer Hitze weitere 2–4 Minuten erhitzen und abschmecken. Mit ei-nem Klecks Joghurt und knusprigem Brot servieren.

Gemüseeintopf mit Linsen In einem Topf 2 EL Sonnenblumenöl erhitzen, 1 ge-hackte Zwiebel, 2 TL fein geriebene frische Ingwerwurzel, 2 TL geriebe-nen Knoblauch, 2 fein gehackte rote Chilis und 1 EL mittelscharfes Curry-pulver bei mittlerer Hitze 2–3 Minuten darin dünsten. Dann 2 Dosen Teller-linsen (je 400 g) und 500 g Mischge-müse (nach Belieben) unterrühren. Aufkochen und bei mittlerer Hitze weitere 10–12 Minuten köcheln las-sen. Mit knusprigem Brot oder Reis servieren.

30 Erbsen-Garnelen-Pilaw

Für 4 Personen

1 EL Sonnenblumenöl
1 EL Butter
1 große Zwiebel, fein gehackt
2 Knoblauchzehen, fein gehackt
1 EL scharfes Currypulver
250 g Basmatireis
600 ml Fisch- oder Gemüsebrühe
300 g Erbsen aus der Dose
abgeriebene Schale und Saft von
  1 unbehandelten Limette
20 g fein gehackte Korianderblätter
400 g geschälte und gegarte Garnelen
Salz und frisch gemahlener Pfeffer

- In einem Topf das Sonnenblumenöl und die Butter erhitzen, die Zwiebeln zugeben und bei mittlerer Hitze in 2–3 Minuten weich dünsten. Den Knoblauch und die Currypaste einrühren und weitere 1–2 Minuten dünsten, dann den Reis gut unterrühren.

- Die Brühe, die Erbsen und die Limettenschale in den Topf geben, gut würzen und aufkochen. Zugedeckt bei schwacher Hitze 12–15 Minuten köcheln lassen, bis die Flüssigkeit vollständig absorbiert ist.

- Den Topf vom Herd nehmen, den Limettensaft, die Korianderblätter und die Garnelen unterrühren. Zugedeckt einige Minuten stehen lassen, damit die Garnelen warm werden. Sofort servieren.

 Reis mit Garnelen und Erbsen aus dem Wok

Im Wok 2 EL Sonnenblumenöl erhitzen, 1 EL mittelscharfe Currypaste, 400 g geschälte und gegarte Garnelen, 200 g Erbsen aus der Dose und 500 g gegarten Basmatireis zugeben und bei hoher Temperatur unter Rühren 4–5 Minuten erhitzen. Den Topf vom Herd nehmen, würzen und 6 EL gehackte Korianderblätter einrühren. Sofort servieren.

 Reissuppe mit Garnelen und Erbsen

In einem Topf 1 EL Butter erhitzen, 1 EL mildes Currypulver 20–40 Sekunden anschwitzen lassen, dann 6 klein geschnittene Frühlingszwiebeln, 1 gehackte Knoblauchzehe und 1 TL fein geriebene frische Ingwerwurzel zugeben und weitere 1–2 Minuten erhitzen. 800 ml Fischbrühe zugießen und aufkochen. Anschließend offen 4–5 Minuten köcheln lassen. 400 g geschälte rohe Tigergarnelen, 200 g Erbsen aus der Dose und 100 g gegarten Basmatireis hinzufügen. Wieder aufkochen, dann bei mittlerer Hitze die Garnelen 5–6 Minuten garen, bis sie rosafarben sind. Mit Salz und Pfeffer würzen und vom Herd nehmen. 4 EL fein gehackte Korianderblätter unterrühren und servieren.

Reis mit Dicken Bohnen und Dill

Für 4 Personen

300 g enthülste Dicke Bohnen
50 g Butter
2 rote Chilis, fein gehackt
1 EL Kreuzkümmelsamen
2 Nelken
6 grüne Kardamomkapseln, zerdrückt
1 Zimtstange
50 g rote Spaltlinsen, abgespült und
    abgetropft
250 g Basmatireis
6 sehr fein geschnittene Frühlings-
    zwiebeln
6 EL fein gehackte Dillspitzen
Salz und frisch gemahlener Pfeffer

- Die Dicken Bohnen 1–2 Minuten in kochendem Wasser blanchieren. Abgießen, in eine Schüssel mit kaltem Wasser geben und darin etwas abkühlen lassen. Erneut abgießen, die Häute entfernen und beiseitestellen.

- In einem Topf bei schwacher Hitze die Butter zerlassen, die Chilis und die Gewürze 1 Minute darin erhitzen, dann die Linsen und den Reis einrühren.

- So viel Wasser zugießen, bis dieses 1,5 cm über dem Reis steht. Mit Salz und Pfeffer würzen und aufkochen. Einmal umrühren, dann bei sehr schwacher Hitze zugedeckt 8–10 Minuten köcheln lassen. Den Topf vom Herd nehmen und zugedeckt 10–12 Minuten ruhen lassen, bis der Reis die Flüssigkeit vollständig aufgenommen hat.

- Die Dicken Bohnen, die Frühlingszwiebeln und den Dill einrühren. Das Ganze noch einmal erwärmen, auf tiefen Tellern servieren.

---

1 **Reissalat mit Dill und Dicken Bohnen** 400 g enthülste Dicke Bohnen 1–2 Minuten in kochendem Wasser blanchieren. Abgießen, in eine Schüssel mit kaltem Wasser geben und darin etwas abkühlen lassen. Erneut abgießen, die Häute entfernen und beiseitestellen. Eine Pfanne erhitzen und 1 EL Kreuzkümmelsamen bei mittlerer Hitze darin trocken rösten, dann abkühlen lassen. 500 g gegarten Reis, 2 fein gehackte rote Chilis, 1 EL Kreuzkümmelsamen, 6 fein geschnittene Frühlingszwiebeln und die Dicken Bohnen in eine große Schüssel geben. 4 EL Olivenöl und den Saft von 1 Zitrone sowie 1 Handvoll gehackte Dillspitzen hinzufügen und das Ganze gut mischen. Würzen und sofort servieren.

2 **Nudeln mit Dicken Bohnen und Dill** 300 g Penne nach Packungsangabe al dente garen. 2–4 Minuten vor Garende 200 g enthülste Dicke Bohnen zugeben und mitkochen. In einer Pfanne 1 EL Butter erhitzen und 6 klein geschnittene Frühlingszwiebeln, 2 fein gehackte rote Chilis und 2 fein gehackte Knoblauchzehen bei schwacher Hitze 2–4 Minuten darin dünsten. 250 g Crème fraîche einige Minuten in der Pfanne miterhitzen. Die Nudeln und die Dicken Bohnen abgießen und in die Pfanne geben. Mit Salz und Pfeffer würzen, gut vermischen und mit gehackten Dillspitzen bestreut servieren.

Chili-Zucchini-Penne

Für 4 Personen

1 EL Butter

1 EL Olivenöl

2 rote Chilis, fein gehackt

1 Knoblauchzehe, fein gerieben

4 Frühlingszwiebeln, sehr fein gehackt

3 Zucchini, grob gerieben

fein abgeriebene Schale von 1 unbehandelten Limette

200 g Erbsen aus der Dose

150 g Doppelrahmfrischkäse

350 g Penne

1 Handvoll gehackte glatte Petersilienblätter

Salz und frisch gemahlener Pfeffer

- In einer Pfanne die Butter und das Olivenöl erhitzen, Chilis, Knoblauch, Frühlingszwiebeln und Zucchini zugeben und bei mittlerer Hitze in 10 Minuten weich dünsten.

- Bei schwacher Hitze die Limettenschale sowie die Erbsen hinzufügen und 3–4 Minuten mitdünsten, dann den Frischkäse unterrühren, bis er geschmolzen ist. Mit Salz und Pfeffer würzen.

- Die Penne in reichlich Salzwasser nach Packungsangabe al dente garen.

- Abgießen und in die Zucchini-Mischung rühren. Die Petersilienblätter unterziehen. Sofort in vorgewärmten tiefen Tellern servieren.

 Gebratene Nudeln mit Chili und Zucchini

600 g asiatische Eiernudeln nach Packungsanleitung garen. In einer Pfanne 2 EL Olivenöl erhitzen, 6 klein geschnittene Frühlingszwiebeln, 2 zerdrückte Knoblauchzehen, 1 gehackte rote Chili und 2 grob geriebene Zucchini bei großer Hitze 4–5 Minuten darin weich dünsten. Die Eiernudeln, 100 g Erbsen aus der Dose und 4 EL Sojasauce hinzufügen und unter Rühren 1–2 Minuten erhitzen. Sofort servieren.

 Nudelsalat mit Zucchini und Tomaten

250 g Penne in reichlich Salzwasser nach Packungsangabe al dente garen. Kurz vor Garende 100 g Erbsen aus der Dose hinzufügen. Abgießen, kalt abschrecken und 10 Minuten abkühlen lassen. 2 grob geriebene Zucchini, 4 klein geschnittene Frühlingszwiebeln, je 4 EL gehackte Korianderblätter und Minzeblätter sowie 200 g halbierte Kirschtomaten in eine große Salatschüssel geben. Die Nudeln hinzufügen. 2 fein gehackte rote Chilis, 2 zerdrückte Knoblauchzehen, 6 EL extra natives Olivenöl, den Saft von 1 Zitrone und 1 TL Honig verrühren und mit Salz und Pfeffer würzen. Das Dressing mit dem Salat mischen und sofort servieren.

 Butternusskürbisrisotto mit Chili

Für 4 Personen

50 g Butter
1 EL Olivenöl
1 Zwiebel, sehr fein gehackt
2 Knoblauchzehen, fein gehackt
2 rote Chilis, fein gehackt
250 g Butternusskürbis, fein
gewürfelt
275 g Risottoreis, z. B. Vialone Nano,
Carnaroli oder Arborio
1 l Gemüsebrühe
100 g geriebener Parmesan
Salz und frisch gemahlener Pfeffer
1 Handvoll gehackte glatte Petersilienblätter zum Garnieren

• In einem Topf Butter und Olivenöl erhitzen, Zwiebeln, Knoblauch, Chilis und die Kürbiswürfel zugeben und bei mittlerer Hitze unter Rühren in 3–4 Minuten weich dünsten. Den Reis hinzufügen und 1 Minute einrühren, bis alle Körner vom Fett überzogen sind.

• Eine Schöpfkelle Brühe zugießen und unter Rühren köcheln lassen, bis die Flüssigkeit absorbiert ist. Auf diese Weise die restliche Brühe zugeben. Dieser Vorgang dauert insgesamt etwa 18–20 Minuten. Danach sollte der Reis gar sein.

• Den Parmesan ergänzen, mit Salz und Pfeffer würzen und umrüh-ren. Den Topf vom Herd nehmen und das Risotto zugedeckt 2 Minu-ten ruhen lassen. Mit Petersilienblättern bestreut servieren. Dazu noch etwas Parmesan reichen.

Kürbissuppe mit Reis und Chili In einem Topf 1 EL Butter erhitzen, 2 gewür-felte Zwiebeln, 2 klein geschnittene Kartoffeln, 500 g geschälten und gewürfelten Butternusskürbis und 1 gehackte rote Chili unter Rühren 1–2 Minuten anbraten. Mit 400 ml Kokosmilch und 400 ml Gemüsebrü-he ablöschen. 1 EL milde Currypaste und 1 TL Zitronengraspaste aus dem Asia-Handel einrühren und das Gan-ze 10–15 Minuten weich kochen. 200 g gegarten Reis zugeben und bei mittlerer Temperatur erhitzen. Sofort servieren.

Nudeln mit Butter-nusskürbis und Chili 400 g in 1 cm große Stücke ge-schnittenes Butternusskürbisfleisch in reichlich Salzwasser 10 Minuten kochen, dann 250 g Spaghetti zuge-ben und nach Packungsanleitung al dente garen. Den Kürbis und die Spaghetti abgießen, wieder in den Topf geben, 2 EL Chiliöl und 100 g geriebenen Parmesan unterrühren. Mit Salz und Pfeffer abschmecken. In vorgewärmten tiefen Tellern an-richten und mit gehackten glatten Petersilienblättern bestreut sofort servieren.

3 ◗ Scharfes Kichererbsencurry

Für 4 Personen

2 EL Sonnenblumenöl

4 Knoblauchzehen, zerdrückt

2 TL fein geriebene frische Ingwerwurzel

1 große Zwiebel, grob gerieben

1–2 grüne Chilis, in feine Stücke
geschnitten

1 TL scharfes Chilipulver

1 EL gemahlener Kreuzkümmel

1 EL gemahlener Koriander

3 EL Naturjoghurt

2 TL Garam Masala

2 TL Tamarindenpaste (Asia-Handel)

2 TL scharfes Currypulver

2 Dosen Kichererbsen (je 400 g),
abgespült und abgetropft

1 Handvoll gehackte Korianderblätter
zum Garnieren

- In einer Pfanne das Sonnenblumenöl erhitzen und Knoblauch, Ingwer, Zwiebeln und Chilis bei mittlerer Hitze 5–6 Minuten darin dünsten, bis die Zwiebeln weich und goldgelb sind. Chilipulver, Kreuzkümmel, gemahlenen Koriander, Joghurt und Garam Masala
einrühren und weitere 1–2 Minuten erhitzen.

- 500 ml Wasser zugießen und aufkochen. Die Tamarindenpaste, das
Currypulver und die Kichererbsen hinzufügen und erneut aufkochen.
Bei mittlerer Hitze offen 15–20 Minuten köcheln lassen, bis die Sau-
ce eine dickflüssige Konsistenz hat.

- In vorgewärmten Schalen anrichten, mit etwas Joghurt garnieren
und mit Korianderblättern bestreuen. Mit Zitronenspalten servieren.

---

1 ◗ Hummus In einer Küchenmaschine 2 Dosen
abgespülte und abgetropfte Kichererbsen (je 400 g), 1 EL mittelscharfes oder scharfes Currypulver, 1 TL
Knoblauchpaste aus dem Asia-Handel, den Saft von 1 Zitrone und 400 g
Crème fraîche vermischen. Das
Ganze würzen und zu einer glatten
Paste verarbeiten. Dazu warmes Pitabrot und einen Salat reichen.

2 ◗ Kichererbsensuppe
In einem Topf 2 EL
Sonnenblumenöl erhitzen und 1 gehackte Zwiebel unter Rühren in
1–2 Minuten darin weich dünsten.
1 EL scharfes Currypulver und
600 ml Gemüsebrühe hinzufügen
und aufkochen. 1 Dose abgespülte
und abgetropfte Kichererbsen
(400 g) und 200 g Sahne zugeben.
Erneut aufkochen, dann bei mittlerer

Hitze 4–5 Minuten erhitzen. Mit Salz
und Pfeffer würzen, 4 EL gehackte
Korianderblätter unterrühren und mit
knusprigem Brot servieren.

30 Hähnchencurry mit Kokos

Für 4 Personen

800 g Hähnchenschenkel ohne Haut und Knochen, in mundgerechte Stücke geschnitten

2 große Zwiebeln, grob gehackt

5 Knoblauchzehen, grob gehackt

1 TL fein geriebene frische Ingwerwurzel

2 EL Sonnenblumenöl

½ TL Shrimpspaste (Asia-Handel)

400 ml Kokosmilch

2 EL scharfes Currypulver

200 g Reisnudeln

Salz und frisch gemahlener Pfeffer

1 Handvoll gehackte Korianderblätter,
  1 fein gehackte rote Zwiebel
  1 EL frittierte Knoblauchstifte
  1 fein gehackte rote Chili zum Garnieren

- Die Hähnchenstücke würzen und beiseitelegen. Im Mixer Zwiebeln, Knoblauch und Ingwer zu einer glatten Paste verarbeiten, ggf. etwas Wasser unterrühren.

- Das Sonnenblumenöl in einem Topf erhitzen, die Zwiebelmischung und die Shrimpspaste zugeben und bei großer Hitze unter Rühren 4–5 Minuten braten. Das Hähnchenfleisch hinzufügen und bei mittlerer Hitze in 1–2 Minuten anbräunen.

- Die Kokosmilch und das Currypulver einrühren und aufkochen. 15–20 Minuten köcheln lassen, gelegentlich umrühren. Würzen.

- In der Zwischenzeit die Nudeln nach Packungsanleitung garen, abgießen und in vier vorgewärmten tiefen Tellern anrichten.

- Das Curry auf die Teller verteilen, mit Korianderblättern, gehackten roten Zwiebeln, Knoblauchstreifen und roten Chilis bestreuen und mit Limettenstücken servieren.

 Kokoshähnchen mit Reisnudeln Im Wok 2 EL Sonnenblumenöl erhitzen, 8 gehackte Frühlingszwiebeln, 2 gehackte Knoblauchzehen und 1 EL scharfes Currypulver zugeben und bei großer Hitze unter Rühren 1–2 Minuten anbraten. Zunächst 300 g gegarte Reisnudeln, dann 600 g gegartes, klein geschnittenes Hähnchenbrustfleisch und 200 ml Kokosmilch hinzufügen. Unter Rühren weitere 1–2 Minuten erhitzen und mit Salz und Pfeffer abschmecken. Mit Limettenstücken servieren.

 Gegrilltes Kokoshähnchen mit Chilireisnudeln Den Backofengrill auf mittlerer Stufe vorheizen. 2 EL scharfes Currypulver, 100 g Kokoscreme und den Saft von 1 Limette verrühren. 4 große Hähnchenbrustfilets mit Haut damit bestreichen und das Fleisch unter dem Grill von jeder Seite 6–8 Minuten garen. 400 g Reisnudeln in eine hitzefeste Schüssel geben, mit kochendem Wasser begießen und 10 Minuten quellen lassen, dann abgießen. Die Nudeln in eine Schüssel geben, 2 EL extra natives Olivenöl, den Saft von 1 Limette und 1 fein gehackte rote Chili zugeben, mit Salz und Pfeffer abschmecken und gut vermischen. Die Nudeln auf vier Tellern anrichten, mit dem gegrillten Hähnchen belegen und sofort servieren.

Quinoasalat mit Dicken Bohnen und Avocado

Für 4 Personen

200 g Quinoa (Inkareis)
800 ml Gemüsebrühe
500 g enthülste Dicke Bohnen
1 EL Kreuzkümmelsamen
3 Zitronen
2 reife Avocados
2 Knoblauchzehen, zerdrückt
2 rote Chilis, fein gehackt
200 g Radieschen, in dünne Scheiben
   geschnitten
1 Handvoll gehackte Korianderblätter
5 EL extra natives Olivenöl
Salz und frisch gemahlener Pfeffer

- Quinoa in ein Sieb füllen und gut abspülen. In einen Topf geben und die Brühe zugießen. Aufkochen, dann bei mittlerer Hitze 10–12 Minuten offen köcheln lassen, bis ein Großteil der Brühe aufgenommen worden ist. Gut abtropfen lassen, dann zunächst beiseitestellen.

- In der Zwischenzeit die Dicken Bohnen in kochendem Wasser 1–2 Minuten blanchieren. Abgießen, in kaltes Wasser legen und etwas abkühlen lassen. Die Flüssigkeit wieder abgießen, dann die Schalen entfernen.

- Eine Pfanne erhitzen und die Kreuzkümmelsamen darin trocken bei mittlerer Hitze rösten, aus der Pfanne nehmen und beiseitestellen. Die abgekühlten Samen leicht zerdrücken.

- Die Zitronen schälen und dabei auch die weiße Haut entfernen. In Filets teilen und mit dem ausgetretenen Saft in eine große Schüssel legen.

- Die Avocados schälen, entsteinen und in dicke Scheiben schneiden. In die Schüssel geben und mit dem Zitronensaft mischen. Quinoa, Dicke Bohnen, geröstete Kreuzkümmelsamen und die restlichen Zutaten untermischen und würzen. Sofort servieren.

---

1 **Bruschetta mit Avocadopaste und Dicken Bohnen** 100 g Dicke Bohnen in kochendem Wasser 1–2 Minuten blanchieren. Abgießen, in kaltes Wasser legen und etwas abkühlen lassen. Wieder abgießen, dann die Schalen entfernen. 2 Avocados schälen, entsteinen und würfeln. Dicke Bohnen, Avocados, 2 gehackte rote Chilis, 4 EL gehackte glatte Petersilienblätter, 4 EL Olivenöl und den Saft von 1 Zitrone im Mixer pürieren. Würzen und zu einer glatten Paste verarbeiten. Auf getoastete Ciabattascheiben streichen, mit etwas Olivenöl beträufeln und servieren.

2 **Dicke-Bohnen-Suppe mit Quinoa** In einem Topf 75 g Quinoa (Inkareis) und 600 ml Wasser aufkochen und bei mittlerer Hitze 8–10 Minuten köcheln lassen, bis die Flüssigkeit weitestgehend absorbiert ist. Abgießen, wieder in den Topf geben und 800 ml Gemüsebrühe, 400 g Dicke Bohnen, 1 EL Chiliöl und 1 EL scharfes Currypulver hinzufügen. Würzen und aufkochen. In 2–4 Minuten gut erhitzen. 1 Handvoll gehackte Korianderblätter unterrühren und servieren.

Stichwortregister

Die Seitenzahlen in kursiver Schrift
verweisen auf Fotos.

Afrikanischer Hackauflauf mit
Mangochutney 76, 77

Aubergine
Auberginenpilaw 216
Auberginen-Tomaten-Salat 180
Curry mit Auberginen, Tomaten und
Chili 180, *181*
Frittierte Auberginen 216, *217*
Hähnchencurry auf Thai-Art 46, *47*
Marokko-Kebabs 192
Ofengemüse mit Thai-Massaman 226
Sautiertes Auberginengemüse 180
Scharfe Chili-Baby-Auberginen 216

Avocado
Bruschetta mit Avocadopaste und Dicken
Bohnen 278
Penne mit Mais, Avocado und To-
maten 188
Quinoasalat mit Dicken Bohnen und
Avocado 278
Roastbeef-Enchilada-Wraps 104, *105*
Scharfer Avocado-Tomaten-Mais-
Salat 188, *189*
Schneller Avocado-Tomaten-Mais-
Salat 188

Baguettes auf vietnamesische Art 90
Baguettes mit Hähnchen, Zitrone und
Estragon 26
Banh-Pho-Reisnudeln mit Garnelen und
Kokosmilch 260, *261*
Bœuf Stroganoff mit Pfefferkörnern 94

Bohnen
Bohnen-Chorizo-Pfanne 92
Bohneneintopf mit Chorizo 92, *93*
Bohnenpilaw mit roter Paprika 252
Bohnensuppe mit Chorizo 92
Bohnen-Wurst-Eintopf 98
Bruschetta mit Avocadopaste und Dicken
Bohnen 278
Dicke-Bohnen-Suppe mit Quinoa 278
Frühlingszwiebelsalat mit schwarzen
Bohnen 240
Gemischter Bohnensalat mit Chili-
Dressing 258, *259*
Indisches Rinderhackcurry mit schwarzen
Bohnen 120, *121*
Karotten-Bohnen-Salat 198

Karottencurry mit schwarzen Boh-
nen 242, *243*
Karotteneintopf mit grünen Boh-
nen 198, *199*
Karottensalat mit schwarzen Bohnen 242
Karottensuppe mit grünen Bohnen 198
Kokoscurry mit Bohnen und roter
Paprika 252
Linguine mit grünen Bohnen und
Kartoffeln 238, *239*
Nudelgratin mit Pesto und grünen
Bohnen 238
Nudeln mit Dicken Bohnen und Dill 268
Nudeln mit schwarzen Bohnen und
Karotten 242
Nudelomelett mit schwarzen Bohnen und
Frühlingszwiebeln 240
Nudelsalat mit Pesto und grünen
Bohnen 238
Orzo-Nudeln mit Puy-Linsen und
Limabohnen 258
Paprika-Bohnen-Salat 252, *253*
Pilaw aus Puy-Linsen und Lima-
bohnen 258
Quinoasalat mit Dicken Bohnen und
Avocado 278, *279*
Reis mit Dicken Bohnen und Dill 268, *269*
Reissalat mit Dill und Dicken Bohnen 268
Rinderhack mit schwarzen Bohnen 120
Rindfleischpilaw mit schwarzen
Bohnen 120
Rote-Bete-Tomaten-Suppe mit grünen
Bohnen 184
Schweinekoteletts mit grünen
Bohnen 122, *123*
Stangenbohnen auf chinesische
Art 206, *207*
Stangenbohnen mit gebratenem
Eierreis 206
Stangenbohnenpilaw mit Chili 206
Tomatencurry mit Roter Bete und grünen
Bohnen 184, *185*
Tomatenreis mit Roter Bete und grünen
Bohnen 184
Warmer Nudelsalat mit schwarzen
Bohnen 240, *241*
Bratfisch mit Senf und Curryblättern 162
Butternusskürbisrisotto mit Chili 272, *273*
Champignoncremesuppe mit Hähnchen-
bruststreifen 60, *61*

Chili
Butternusskürbisrisotto mit Chili 272, *273*
Chili-Knoblauch-Muscheln 130
Chili-Nudeln mit Jakobsmuscheln 166
Chili-Nudeln mit Krebsfleisch 134

Chili-Schweinefilet mit Zitronengras aus
dem Wok 80, *81*
Chili-Zucchini-Penne 270, *271*
Curry mit Auberginen, Tomaten und
Chili 180, *181*
Frühlingszwiebelreis mit Kalbshack 116
Garnelengratin mit Chili und Tomaten 168
Gebratene Nudeln mit Chili und
Zucchini 270
Gefülltes Rosmarinhähnchen 60
Grillhähnchen mit Chili-Rucola-
Pesto 30, *31*
Grillhähnchen mit Chili-Zitronen-
Estragon-Butter 26
Hähnchen mit Linguine und Chili-Rucola-
Pesto 30
Hähnchenpasta mit Chili und Ros-
marin 60
Hähnchensalat mit Chili-Rucola-Pesto 30
Hähnchenspieße mit Gurken-Chili-
Dip 24, *25*
Kalbsspieße mit süßem Chili-Dip 116, *117*
Knoblauch-Chili-Garnelen mit To-
maten 168, *169*
Krebsküchlein mit Chili 134
Kürbissuppe mit Reis und Chili 272
Makrelenspieße mit Chili-Nudeln 174
Muschel-Chili-Reis 130
Nudeln mit Butternusskürbis und
Chili 272
Pikante Nudeln mit Kalbshack und
Chili 116
Pute mit Chili und Zitrone aus der
Pfanne 38
Scharfe Chili-Baby-Auberginen 216
Scharfe Spaghetti bolognese 86
Schneller Putenreis mit Chili und
Zitrone 38
Spaghetti vongole mit Chili 130, *131*
Spanischer Puteneintopf mit Chili und
Zitrone 38, *39*
Stangenbohnen auf chinesische
Art 206, *207*
Süß-scharfe Hähnchenkeulen 52
Wurstsalat mit Chili 98
Würzige Chili-Hotdogs 98, *99*
Chinesische Nudelpfanne mit Pute 70, *71*
Chinesischer Seeteufel aus dem Wok 144
Chinesisches Rindfleisch mit Tofu und
Gemüse 78, *79*

Couscous
Couscous mit Hähnchen, Aprikosen und
Cranberrys 40, *41*
Couscoussalat mit Feta und
Cashewkernen 248

283